Z. 2424.
+ C. 1.

LES
PENSÉES
DE
J. J. ROUSSEAU,
CITOYEN
DE GENÈVE.

A AMSTERDAM.

M. DCC. LXIII.

AVERTISSEMENT
DE L'ÉDITEUR.

Peu de siécles ont eu autant de besoin que le nôtre, d'être ramenés aux vrais principes des devoirs & de la raison; c'est ce qui a sans doute tourné la plume & les talens du plus grand nombre de nos Écrivains à l'étude de la Philosophie.

L'impuissance d'égaler les grands Maîtres du Régne brillant de Louis XIV, n'a pas déterminé seule, ni toujours, les esprits au choix des matieres qu'ils

iv AVERTISSEMENT.

ont embrassées, & je crois qu'il leur a paru plus nécessaire de s'occuper d'objets vraiment utiles pour nous, que d'augmenter les trésors de nos amusemens & de nos plaisirs.

Mais, n'est-on pas forcé de convenir que plusieurs de nos Gens de lettres, en cherchant à rappeller leur profession à sa premiere & noble institution, & en s'érigeant en précepteurs du genre humain, ont abusé (peut-être sans le vouloir) de l'autorité qu'ils pouvoient tirer de leur talent d'écrire & de leur vigueur de penser?

Il est une Nation réfléchie & toujours rivale de la nôtre. Elle

AVERTISSEMEMT.

s'eſt enfoncée la premiere dans les abyſmes de la Métaphyſique. Toutes les hardieſſes peuvent ſe montrer chez ce Peuple, il les a toutes offertes ſous mille formes : mais en augmentant la licence qui leur donnoit l'être, ont-elles contribué à rendre le pays plus heureux & plus ſage ? Il eſt permis de s'en rapporter aux plus ſenſés des Auteurs de cette Iſle, dont ils ont déploré les excès en tout genre.

En conclura-t-on qu'il faut interdire aux hommes l'étude de la Philoſophie ? Non, mais il feroit à ſouhaiter que les Écrivains qui s'y livrent, ſe rappellaſſent quelquefois ce qu'en a dit

vj AVERTISSEMENT.

un de leurs principaux chefs, plus coupable qu'eux, puisqu'en connoissant si bien les dangers de cette étude trop approfondie, il n'a pas sçû se contenir.

La Philosophie (dit Bayle*) *ressemble à des poudres si corrosives, qu'après avoir consumé les chairs mal saines d'une plaie, elles rongeroient la chair vive, carieroient les os, & perceroient jusqu'aux mouëlles. Elle réfute d'abord les erreurs,* (ajoute-t-il) *mais si on ne l'arrête point là, elle attaque les vérités & va si loin, qu'elle ne sçait plus où elle est, ni ne trouve plus où s'asseoir.*

---

* Art. Acosta.

AVERTISSEMENT. vij

Cette image forte & vraie des excès où nous expose un amour immodéré pour la Philosophie, auroit dû, sans doute, arrêter la main de plus d'un Philosophe, qui, sous prétexte d'arracher de dessus nos yeux l'épais bandeau des préjugés, a blessé notre vue par un éclat incertain, vague & rapide, plus semblable au feu destructeur de la foudre, qu'à la lumiere d'un beau jour. Jusqu'à quand la Philosophie (pour me servir des expressions de M. Rousseau lui-même) ne s'occupera-t-elle qu'à diffamer l'espéce humaine ?

Dans le nombre du peu de vérités qui circulent parmi les hommes, il en est qu'une douce persuasion, une conscience presque générale, un sentiment intime & difficile à vaincre ont établies, & qu'il est cruel de vouloir nous enlever; parce qu'indépendamment de leur certitude, elles font, ou notre consolation, ou notre espérance.

Inutilement l'Auteur du fameux Traité du *Citoyen* s'épuise-t-il à prouver que la méchanceté est inhérente & essentielle aux hommes, il n'entraîne à son opinion que des gens pour qui toutes les singularités sont précieuses, ou des méchants qui s'apperçoivent que cette prétendue découverte protége & sert les vils intérêts dont ils sont animés: le plus grand nombre des hommes pensans, sçait qu'il a besoin de sa propre estime pour l'encourager au bien, & M. *Hume* qui n'a pû s'empêcher de regarder la bienfaisance comme une des premieres dispositions de notre ame, en est crû sans preuves, parce qu'il n'en faut qu'aux choses de calcul matériel & presque jamais à celles qui sont senties.

C'est encore une entreprise téméraire & dangereuse de la part des Philosophes, d'attaquer ouvertement le culte reçu & consacré par des loix, sous le bouclier desquelles on repose avec tranquillité. C'est détruire les forti-

x AVERTISSEMENT.

fications d'une place qu'on habite ; c'est appeller par cette destruction tous les brigands qui voudront s'en emparer ; c'est compromettre à la fois & sa propriété, & sa liberté, & sa sûreté ; c'est invoquer l'indépendance, l'anarchie & la licence mere de tous les crimes.

Ce seroit donc un service à rendre à la Société d'arracher des Livres qui lui ont été offerts, tout ce qui a élevé le scandale & le cri public, & de les réduire aux seules vérités utiles qu'ils contiennent. Il faut l'avouer à l'honneur de plus d'un ouvrage que la vigilance du Gouvernement a proscrits, ils feroient encore avec

AVERTISSEMENT. xj

le retranchement dont je parle & la gloire de leurs Auteurs & celle de leur siécle.

Le Recueil que je donne au Public aujourd'hui en sera la preuve la plus forte. On y va voir combien M. Rousseau ajoute à la masse de nos idées, on y admirera cette sagacité profonde, cet amour de la vertu & ces richesses de style qui distinguent si fort le Citoyen de Genève; l'humanité, l'honneur & la sagesse ont souvent dicté les maximes précieuses qui composeront ce volume. J'ai fait disparoître autant que j'ai pû le sophiste hardi pour n'offrir que l'Ecrivain brillant & mâle, l'homme sensible & penseur.

AVERTISSEMENT.

Le penchant qu'un Auteur de ce mérite peut avoir pour le paradoxe le détourne quelquefois du vrai, mais alors c'est l'Alchimiste de la Littérature qui, dans la vaine recherche du reméde universel, trouve en chemin mille secrets qui tous séparés de leur objet, deviennent de la plus grande utilité.

Je ne finirai point cet Avertissement sans excuser autant qu'il est possible, M. Rousseau d'avoir scandalisé dans quelques-uns de ses Ouvrages, & le François Citoyen & le Catholique. Etranger à Paris, il naquit & fut élevé dans une République & dans le Schisme.

Fin de l'Avertissement.

LES PENSÉES
DE
J. J. ROUSSEAU,
CITOYEN
DE GENÊVE.

DIEU.

PLUS je m'efforce de contempler son essence infinie, moins je la conçois; mais elle est, cela me suffit; moins je la conçois, plus je l'adore. Je m'humilie & lui dis: Être des Êtres, je suis, parce que tu es ; c'est m'élever à ma source que de te méditer sans cesse. Le plus digne usage de ma raison est de s'anéantir devant toi : c'est mon ravissement d'esprit, c'est le charme de ma foiblesse de me sentir accablé de ta grandeur.

Voulons-nous pénétrer dans ces abîmes de métaphysique qui n'ont ni fond ni rive, & perdre à disputer sur l'essence divine ce tems si court qui nous est donné pour l'honorer ? Nous ignorons ce qu'elle est, mais nous sçavons qu'elle est : que cela nous suffise ; elle se fait voir dans ses œuvres, elle se fait sentir au-dedans de nous. Nous pouvons bien disputer contre elle, mais non pas la méconnoître de bonne foi.

Rien n'existe que par celui qui est. C'est lui qui donne un but à la justice, une base à la vertu, un prix à cette courte vie employée à lui plaire ; c'est lui qui ne cesse de crier aux coupables que leurs crimes secrets ont été vus, & qui fait dire au juste oublié, tes vertus ont un témoin; c'est lui, c'est sa substance inaltérable qui est le vrai modéle des perfections dont nous portons tous une image en nous-mêmes. Nos passions ont beau la défigurer; tous ses traits, liés à l'essence infinie, se représentent toujours à la raison, & lui servent à rétablir ce que l'imposture & l'erreur en ont altéré.

ÉVANGILE.

CE divin Livre, le seul nécessaire à un Chrétien, & le plus utile de tous à quiconque même ne le seroit pas, n'a besoin que d'être médité pour porter dans l'ame l'amour de son Auteur, & la volonté d'accomplir ses préceptes.

Jamais la vertu n'a parlé un si doux langage; jamais la plus profonde sagesse ne s'est exprimée avec tant d'énergie & de simplicité. On n'en quitte point la lecture sans se sentir meilleur qu'auparavant.

La majesté des Ecritures m'étonne, la sainteté de l'Evangile parle à mon cœur. Voyez les Livres des Philosophes avec toute leur pompe : qu'ils sont petits près de celui-là ! Se peut-il qu'un Livre, à la fois si sublime & si sage, soit l'ouvrage des hommes ? Se peut-il que celui dont il fait l'histoire ne soit qu'un homme lui-même ? Est-ce là le ton d'un enthousiaste ou d'un ambitieux sectaire? Quelle douceur, quelle pureté dans ses mœurs ! quelle grace touchante dans ses instructions ! quelle élévation dans ses maximes ! quelle profonde sagesse dans ses discours ! quelle présence d'esprit, quelle finesse & quelle justesse dans ses réponses ! quel empire sur ses passions ! Où est l'homme, où est le sage qui sçait agir, souffrir & mourir sans foiblesse & sans ostentation ? Quand Platon peint son Juste imaginaire couvert de tout l'opprobre du crime, & digne de tous les prix de la vertu, il peint trait pour trait Jésus-Christ : la ressemblance est si frappante, que tous les Peres l'ont sentie, & qu'il n'est pas possible de s'y tromper. Quels préjugés, quel aveuglement ne faut-il point avoir pour oser comparer le Fils de Sophronisque au Fils de Marie ? Quelle distance de l'un à l'autre ! Socrate mourant sans douleur, sans ignominie, soutint aisément jusqu'au bout son personnage ; & si cette facile mort n'eût honoré sa vie, on douteroit si Socrate, avec tout son esprit, fût autre chose qu'un Sophiste. Il inventa, dit-on, la Morale. D'autres avant lui l'avoient mise en pratique; il ne fit que dire ce qu'ils avoient fait, il ne fit que mettre en leçons leurs exemples. Aristide avoit été juste avant que Socrate eût dit ce que c'étoit que justice; Léonidas étoit mort pour son pays avant que Socrate eût fait un devoir d'aimer la patrie; Sparte étoit sobre avant que Socrate eût loué la sobriété : avant qu'il eût loué la vertu, la Grèce abondoit en hommes vertueux. Mais où Jésus avoit-il pris chez les siens cette Morale élevée & pure, dont lui seul a donné les leçons & l'exemple ? Du sein du plus furieux fanatisme la plus haute sagesse se fit entendre, & la simplicité des plus héroïques vertus honora le plus vil de tous les peuples. La mort de Socrate philosophant tranquillement avec ses amis, est la plus douce qu'on puisse désirer ; celle de Jésus expirant dans les tourmens, injurié, raillé, maudit de tout un peuple, eſt la plus horrible qu'on puiſſe craindre. Socrate prenant la coupe empoiſonnée, bénit celui qui la lui préſente & qui pleure ; Jéſus au milieu d'un ſupplice affreux prie pour les Bourreaux acharnés. Oui, ſi la vie & la mort de Socrate ſont d'un Sage, la vie & la mort de Jéſus ſont d'un Dieu. Dirons-nous que l'hiſtoire de l'Evangile eſt inventée à plaiſir ? Ce n'eſt pas ainſi qu'on invente ; & les faits de Socrate, dont perſonne ne doute, ſont moins atteſtés que ceux de Jéſus-Chriſt. Au fond, c'eſt reculer la difficulté ſans la détruire ; il feroit plus inconcevable que pluſieurs hommes d'accord euſſent fabriqué ce Livre, qu'il ne l'eſt qu'un ſeul en ait fourni le ſujet. Jamais des Auteurs Juifs n'euſſent trouvé ni ce ton, ni cette morale ; & l'Evangile a des caracteres de vérité ſi grands, ſi frappans, ſi parfaitement inimitables, que l'Inventeur en seroit plus étonnant que le Héros.

ATHÉISME, FANATISME.

Le spectacle de la nature, si vivant, si animé, pour ceux qui reconnoissent un Dieu, est mort aux yeux de l'Athée; & dans cette grande harmonie des Êtres où tout parle de Dieu d'une voix si douce, il n'apperçoit qu'un silence éternel.

Bayle a très-bien prouvé que le Fanatisme est plus pernicieux que l'Athéisme, & cela est incontestable; mais ce qu'il n'a eu garde de dire, & qui n'est pas moins vrai, c'est que le Fanatisme, quoique sanguinaire & cruel, est pourtant une passion grande & forte qui élève le cœur de l'homme, qui lui fait mépriser la mort, qui lui donne un ressort prodigieux, & qu'il ne faut que mieux diriger pour en tirer les plus sublimes vertus ; au lieu que l'irreligion, & en général l'esprit raisonneur & philosophique attache à la vie, efférmine, avilit les ames, concentre toutes les passions dans la bassesse de l'intérêt particulier, dans l'abjection du *moi* humain, & sappe ainsi à petit bruit les vrais fondemens de toute société ; car ce que les intérêts particuliers ont de commun est si peu de chose, qu'il ne balancera jamais ce qu'ils ont d'opposé. Si l'Athéïsme ne fait pas verser le sang des hommes, c'est moins par amour pour la paix que par indifférence pour le bien ; comme que tout aille peu importe au prétendu Sage, pourvû qu'il reste en repos dans son cabinet. Ses principes ne font pas tuer les hommes ; mais ils les empêchent de naître, en détruisant les mœurs qui les multiplient, en les détachant de leur espéce, en réduisant toutes leurs affections à un secret égoïsme, aussi funeste à la population qu'à la vertu. L'indifférence philosophique ressemble à la tranquillité de l'Etat sous le despotisme : c'est la tranquillité de la mort, elle est plus destructive que la guerre même.

RELIGION.

De combien de douceurs n'est pas privé celui à qui la Religion manque ? Quel sentiment peut le consoler dans ses peines ? quel spectateur anime les bonnes actions qu'il fait en secret ? quelle voix peut parler au fond de son ame ? quel prix peut-il attendre de sa vertu ? Comment doit-il envisager la mort ?

Une derniere ressource à employer contre l'incrédule, c'est de le toucher, c'est de lui montrer un exemple qui l'entraîne, & de lui rendre la Religion si aimable qu'il ne puisse lui résister.

Quel argument contre l'incrédule que la vie du vrai Chrétien ! Y a-t-il quelque ame à l'épreuve de celui-là ? Quel tableau pour son cœur quand ses amis, ses enfans, sa femme concourront tous à l'instruire en l'édifiant ! Quand sans lui prêcher Dieu dans leurs discours, ils le lui montreront dans les actions qu'il inspire, dans les vertus dont il est l'auteur, dans le charme qu'on trouve à lui plaire ! Quand il verra briller l'image du Ciel dans sa maison ! Quand une fois le jour il sera forcé de se dire : non, l'homme n'est pas ainsi par lui-même, quelque chose de plus qu'humain régne ici !

Un heureux instinct me porte au bien, une violente passion s'éléve ; elle a fa racine dans le même inſtinct, que ferai-je pour la détruire ? De la conſidération de l'ordre je tire la beauté de la vertu, & ſa bonté de l'utilité commune ; mais que fait tout cela contre mon intérêt particulier, & lequel au fond m'importe le plus, de mon bonheur aux dépens du reſte des hommes, ou du bonheur des autres aux dépens du mien ? Si la crainte de la honte ou du châtiment m'empêche de mal faire pour mon profit, je n'ai qu'à mal faire en ſecret, la vertu n'a plus rien à me dire, & ſi je ſuis ſurpris en faute, on punira comme à Sparte, non le délit, mais la mal adreſſe. Enfin, que le caractere & l'amour du beau ſoit empreint par la nature au fond de mon ame, j'aurai ma régle auſſi long-tems qu'il ne ſera point défiguré ; mais comment m'aſſurer de conſerver toujours dans ſa pureté cette effigie intérieure qui n'a point parmi les Êtres sensibles de modéle auquel on puisse la comparer? Ne sçait-on pas que les affections désordonnées corrompent le jugement ainsi que la volonté, & que la conscience s'altere & se modifie insensiblement dans chaque siécle, dans chaque peuple, dans chaque individu selon l'inconstance & la variété des préjugés? Adorons l'Être éternel, d'un souffle nous détruirons ces fantômes de raison qui n'ont qu'une vaine apparence & fuyent comme une ombre devant l'immuable Vérité.

L'oubli de toute Religion conduit à l'oubli des devoirs de l'homme.

Fuyez ceux qui, sous prétexte d'expliquer la nature, sément dans les cœurs des hommes de désolantes doctrines, & dont le scepticisme apparent est une fois plus affirmatif & plus dogmatique que le ton décidé de leurs adverſaires. Sous le hautain prétexte qu'eux ſeuls ſont éclairés, vrais, de bonne foi, ils nous ſoumettent impérieuſement à leurs déciſions tranchantes, & prétendent nous donner, pour les vrais principes des choſes, les inintelligibles ſyſtêmes qu'ils ont bâtis dans leur imagination. Du reſte, renverſant, détruiſant, foulant aux pieds tout ce que les hommes reſpectent, ils ôtent aux affligés la dernière conſolation de leur miſere, aux puiſſans & aux riches le ſeul frein de leurs paſſions; ils arrachent du fond des cœurs le remord du crime, l'eſpoir de la vertu, & ſe vantent encore d'être les bienfaiteurs du genre humain. Jamais, diſent-ils, la vérité n'eſt nuiſible aux hommes; je le crois comme eux, & c'eſt à mon avis une grande preuve que ce qu'ils enſeignent n'eſt pas la vérité.

ORAISON, DÉVOTION, DÉVOTS.

L'Ame en s'élevant par l'Oraison à la source du sentiment & de l'Être, y perd sa sécheresse & sa langueur: elle y renaît, elle s'y ranime, elle y trouve un nouveau ressort, elle y puise une nouvelle vie; elle y prend une autre existence qui ne tient point aux passions du corps, ou plutôt elle n'est plus en elle-même; elle est toute dans l'Être immense qu'elle contemple, & dégagée un moment de ses entraves, elle se console d'y rentrer, par cet essai d'un état plus sublime, qu'elle espère être un jour le sien.

Il n'y a rien de bien qui n'ait un excès blâmable, même la Dévotion qui tourne en délire. Comment viennent les extases des ascétiques ? En prolongeant le tems qu'on donne à la priere plus que ne le permet la foiblesse humaine. Alors l'esprit s'épuise, l'imagination s'allume & donne des visions, on devient inspiré, Prophête, & il n'y a plus ni sens ni génie qui garantisse du Fanatisme.

Si l'on abuse de l'Oraison, & qu'on devienne mystique, on se perd à force de s'élever; en cherchant la grace on renonce à la raison; pour obtenir un don du Ciel on en foule aux pieds un autre; en s'obstinant à vouloir qu'il nous éclaire on s'ôte les lumieres qu'il nous a données.

Servir Dieu, ce n'est point passer sa vie à genoux dans un Oratoire, c'est remplir sur la terre les devoirs qu'il nous impose; c'est faire en vue de lui plaire tout ce qui convient à l'état où il nous a mis : il faut premierement

faire

faire ce qu'on doit, puis prier quand on le peut.

La dévotion est un opium pour l'ame; elle égaye, anime & soutient quand on en prend peu : une trop forte dose endort, ou rend furieux, ou tue.

On ne doit point afficher la Dévotion par un extérieur affecté, & comme une espéce d'emploi qui dispense de tout autre. Il faut aussi s'abstenir de ce langage mystique & figuré qui nourrit le cœur des chimeres de l'imagination, & substitue au véritable amour de Dieu des sentimens imités de l'amour terrestre, & très-propres à le réveiller. Plus on a le cœur tendre & l'imagination vive, plus on doit éviter ce qui tend à les émouvoir; car enfin, comment voir les rapports de l'objet mystique, si l'on ne voit aussi l'objet sensuel, & comment une honnête femme ose-t-elle imaginer avec assurance des objets qu'elle n'oferoit regarder ?

Ce qui donne le plus d'éloignement pour les Dévots de profeſſion, c'eſt cette âpreté de mœurs qui les rend inſenſibles à l'humanité, c'eſt cet orgueil exceſſif qui leur fait regarder en pitié le reſte du monde : dans leur élévation s'ils daignent s'abbaiſſer à quelque acte de bonté, c'eſt d'une maniere ſi humiliante, ils plaignent les autres d'un ton ſi cruel, leur juſtice eſt ſi rigoureuſe, leur charité eſt ſi dure, leur zèle eſt ſi amer, leur mépris reſſemble ſi fort à la haine, que l'inſenſibilité même des gens du monde eſt moins barbare que leur commiſération. L'amour de Dieu leur ſert d'excuſe pour n'aimer perſonne, ils ne s'aiment pas même l'un l'autre ; vit-on jamais d'amitié véritable entre les (faux) Dévots ? Mais plus ils ſe détachent des hommes, plus ils en exigent, & l'on diroit qu'ils ne s'élévent à Dieu que pour exercer son autorité sur la terre.

CONSCIENCE.

Le meilleur de tous les Casuistes est la Conscience, & ce n'est que quand on marchande avec elle, qu'on a recours aux subtilités du raisonnement.

La Conscience est la voix de l'ame, les passions sont la voix du corps. Est-il étonnant que souvent ces deux langages se contredisent, & alors lequel faut-il écouter ? Trop souvent la raison nous trompe, nous n'avons que trop acquis le droit de la récuser ; mais la Conscience ne trompe jamais, elle est le vrai guide de l'homme ; elle est à l'ame, ce que l'instinct est au corps ; qui la suit, obéit à la nature, & ne craint point de s'égarer.

Conscience ! Conscience ! Instinct divin, immortel & céleste voix ; guide assuré d'un être ignorant & borné, mais intelligent & libre ; juge infaillible du bien & du mal, qui rends l'homme semblable à Dieu ; c'est toi qui fait l'excellence de sa nature & la moralité de ses actions ; sans toi je ne sens rien en moi qui m'éleve au-dessus des bêtes, que le triste privilége de m'égarer d'erreurs en erreurs à l'aide d'un entendement sans régle, & d'une raison sans principe.

Si la Conscience parle à tous les cœurs, pourquoi donc y en a-t-il si peu qui l'entendent ? Eh ! c'est qu'elle nous parle la langue de la Nature, que tout nous a fait oublier. La Conscience est timide, elle aime la retraite & la paix ; le monde & le bruit l'épouvante ; les préjugés dont on la fait naître sont ses plus cruels ennemis, elle fuit ou se tait devant eux ; leur voix bruyante étouffe la sienne, & l'empêche de se faire entendre ; le fanatisme ose la contrefaire, & dicter le crime en son nom. Elle se rebute enfin à force d'être éconduite; elle ne nous parle plus, elle ne nous répond plus; & après de si longs mépris pour elle, il en coute autant de la rappeller qu'il en couta de la bannir.

MORALITÉ DE NOS ACTIONS.

Toute la Moralité de nos actions est dans le jugement que nous en portons nous-mêmes. S'il est vrai que le bien soit bien, il doit l'être au fond de nos cœurs comme dans nos œuvres ; & le premier prix de la justice est de sentir qu'on la pratique. Si la bonté morale est conforme à notre nature, l'homme ne sçauroit être sain d'esprit ni bien constitué, qu'autant qu'il est bon. Si elle ne l'est pas, & que l'homme soit méchant naturellement, il ne peut cesser de l'être sans se corrompre, & la bonté n'est en lui qu'un vice contre nature. Fait pour nuire à ses semblables, comme le loup pour égorger sa proie, un homme humain seroit un animal aussi dépravé qu'un loup pitoyable, & la vertu seule nous laisseroit des remords.

Rentrons en nous-mêmes : examinons, tout intérêt personnel à part, à quoi nos penchans nous portent. Quel spectacle nous flatte le plus, celui des tourmens ou du bonheur d'autrui ? Qu'est-ce qui nous est le plus doux à faire, & nous laisse une impression plus agréable après l'avoir fait, d'un acte de bienfaisance ou d'un acte de méchanceté ? Pourqui vous intéressez-vous sur vos Théâtres ? Est-ce aux forfaits que vous prenez plaisir ? Est-ce à leurs auteurs punis que vous donnez des larmes ? Tout nous est indifférent, disent-ils, hors notre intérêt ; tout au contraire, les douceurs de l'amitié, de l'humanité nous consolent dans nos peines ; & même dans nos plaisirs, nous serions trop seuls, trop misérables, si nous n'avions avec qui les partager. S'il n'y a rien de moral dans le cœur de l'homme, d'où lui viennent donc ces transports d'admiration pour les grandes ames ? Cet enthousiasme de la vertu, quel rapport a-t-il avec notre intérêt privé ? Pourquoi voudrois-je être Caton qui déchire ses entrailles, plutôt que César triomphant ? Otez de nos cœurs cet amour du beau, vous ôtez tout le charme de la vie. Celui dont les viles passions ont étouffé dans son ame étroite ces sentimens délicieux ;

celui qui, à force de se concentrer au-dedans de lui, vient about de n'aimer que lui-même, n'a plus de transports, son cœur glacé ne palpite plus de joie, un doux attendrissement n'humecte jamais ses yeux, il ne jouit plus de rien ; le malheureux ne sent plus, ne vit plus ; il est déjà mort.

Jettez les yeux sur toutes les Nations du monde, parcourez toutes les Histoires : parmi tant de cultes inhumains & bisarres, parmi cette prodigieuse diversité de mœurs & de caractères, vous trouverez par-tout les mêmes idées de justice & d'honnêteté, par-tout les mêmes notions du bien & du mal. L'ancien paganisme enfanta des Dieux abominables qu'on eût punis ici bas, comme des scélérats, & qui n'offroient pour tableau du bonheur suprême, que des forfaits à commettre & des passions à contenter. Mais le vice, armé d'une autorité sacrée, descendoit en vain du séjour éternel, l'instinct morale le repoussoit du cœur des humains. En célébrant les débauches de Jupiter, on admiroit la continence de Xénocrate; la chaste Lucrece adoroit l'impudique Venus; l'intrépide Romain sacrifioit à la peur, il invoquoit le Dieu qui mutila son pere, & mouroit sans murmure de la main du sien : les plus méprisables Divinités furent servies par les plus grands hommes. La sainte voix de la Nature, plus forte que celle des Dieux, se faisoit respecter sur la terre, & sembloit reléguer dans le ciel le crime avec les coupables.

Il est donc au fond de nos ames un principe inné de justice & de vertu, sur lequel, malgré nos propres maximes, nous jugeons nos actions & celles d'autrui, comme bonnes ou mauvaises.

PASSIONS.

L'Entendement humain doit beaucoup aux passions, qui, d'un commun aveu lui doivent beaucoup aussi. C'est par leur activité que notre raison se perfectionne; nous ne cherchons à connoître que parce que nous désirons de jouir : & il n'est pas possible de concevoir pourquoi celui qui n'auroit ni désirs, ni craintes, se donneroit la peine de raisonner. Les Passions, à leur tour, tirent leur origine de nos besoins, & leur progrès de nos connoissances; car on ne peut desirer ou craindre les choses, que sur les idées qu'on en peut avoir, ou par la simple impulsion de la Nature.

C'est une erreur de distinguer les Passions en permises & défendues, pour se livrer aux premières & se refuser aux autres. Toutes sont bonnes quand on en est le maître, toutes sont mauvaises quand on s'y laisse assujettir.

Les grandes Passions usées dégoutent des autres ; la paix de l'ame qui leur succede est le seul sentiment qui s'accroit par la jouissance.

Le spectacle des Passions violentes de toute espèce est un des plus dangereux qu'on puisse offrir aux enfans. Ces Passions ont toujours dans leurs excès quelque chose de puérile qui les amuse, qui les séduit, & leur fait aimer ce qu'ils devroient craindre. Voilà pourquoi nous aimons tous le Théâtre, & plusieurs d'entre nous les Romans.

Toutes les grandes Passions se forment dans la solitude ; on n'en a point de semblables dans le monde, où nul objet n'a le tems de faire une profonde impression, & où la multitude des goûts énerve la force des fentimens.

Les petites Paſſions ne prennent jamais le change & vont toujours à leur fin; mais on peut armer les grandes contre elles-mêmes.

Dans la retraite on a d'autres manières de voir & de fentir, que dans le commerce du monde; les Paſſions autrement modifiées ont auſſi d'autres expreſſions : l'imagination toujours frappée des mêmes objets, s'en affecte plus vivement. Ce petit nombre d'images revient toujours, fe mêle à toutes les idées, & leur donne ce tour bizarre & peu varié qu'on remarque dans les diſcours des folitaires. S'enfuit-il de-là que leur langage foit fort énergique? Point du tout, il n'eſt qu'extraordinaire. Ce n'eſt que dans le monde qu'on apprend à parler avec énergie. Premièrement, parce qu'il faut toujours dire autrement & mieux que les autres, &

puis, que forcé d'affirmer à chaque instant ce qu'on ne croit pas, d'exprimer des sentimens qu'on n'a point, on cherche à donner à ce qu'on dit un tour persuasif qui supplée à la persuasion intérieure. Croyez-vous que les gens vraiment passionnés ayent ces manières de parler vives, fortes, coloriées que l'on admire dans les drames & dans les Romans françois ! Non : la Passion pleine d'elle-même, s'exprime avec plus d'abondance que de force ; elle ne songe pas même à persuader ; elle ne soupçonne pas qu'on puisse douter d'elle : quand elle dit ce qu'elle sent, c'est moins pour l'exposer aux autres que pour se soulager. On peint plus vivement l'amour dans les grandes villes ; l'y sent-on mieux que dans les hameaux ?

Lisez une lettre d'amour faite par un auteur dans son cabinet, par un bel esprit qui veut briller. Pour peu qu'il ait du feu dans la tête, sa lettre va, comme on dit, brûler le papier; la chaleur n'ira pas plus loin. Vous serez enchanté, même agité peut-être; mais d'une agitation passagère & séche, qui ne vous laissera que des mots pour tout souvenir. Au contraire, une lettre que l'amour a réellement dictée; une lettre d'un Amant vraiment passionné, sera lâche, diffuse, toute en longueurs, en désordre, en répétitions. Son cœur, plein d'un sentiment qui déborde, redit toujours la même chose, & n'a jamais achevé de dire; comme une source vive qui coule sans cesse & ne s'épuise jamais. Rien de saillant, rien de remarquable: on ne retient ni mots, ni tours, ni phrases: on n'admire rien, l'on n'est frappé de rien. Cependant on se sent l'ame attendrie: on se sent ému sans sçavoir pourquoi. Si la force du sentiment ne nous frappe pas, sa vérité nous touche, &

c'eſt ainſi que le cœur ſçait parler au cœur. Mais ceux qui ne ſentent rien, ceux qui n'ont que le jargon paré des paſſions, ne connoiſſent point ces ſortes de beautés, & les mépriſent.

L'enthouſiaſme eſt le dernier degré de la paſſion. Quand elle eſt à ſon comble, elle voit ſon objet parfait ; elle en fait alors ſon idole ; elle le place dans le ciel. En écrivant à ce qu'on aime, ce ne ſont plus des lettres que l'on écrit, ce ſont des hymnes.

Les grandes paſſions ne germent guères chez les hommes foibles.

La ſource de nos paſſions, l'origine & le principe de toutes les autres, la ſeule qui naît avec l'homme, & ne le quitte jamais, tant qu'il vit, eſt l'amour de ſoi : Paſſion primitive, innée, antérieure à toute autre, & dont toutes les autres ne ſont, en un ſens, que des modifications.

Dans le régne des Passions, elles aident à supporter les tourmens qu'elles donnent; elles tiennent l'espérance à côté du désir. Tant qu'on désire, on peut se passer d'être heureux; on s'attend à le devenir: si le bonheur ne vient point, l'espoir se prolonge, & le charme de l'illusion dure autant que la Passion qui le cause. Ainsi cet état se suffit à lui-même, & l'inquiétude qu'il donne est une sorte de jouissance qui supplée à la réalité.

On étouffe de grandes Passions; rarement on les épure.

On n'a de prise sur les Passions, que par les Passions; c'est par leur empire qu'il faut combattre leur tyrannie, & c'est toujours de la Nature elle-même qu'il faut tirer les instrumens propres à la régler.

Que les Passions nous rendent crédules; & qu'un cœur vivement touché se détache avec peine des erreurs mêmes qu'il apperçoit !

On peut vivre beaucoup en peu d'années, & acquérir une grande expérience à ses dépens : c'est alors le chemin des Passions qui conduit à la Philosophie.

La source de toutes les Passions est la sensibilité ; l'imagination détermine leur pente. Tout être qui sent ses rapports, doit être affecté quand ces rapports s'alterent, & qu'il en imagine, ou qu'il en croit imaginer de plus convenables à sa nature. Ce sont les erreurs de l'imagination qui transforment en vices les Passions de tous les êtres bornés, même des anges, s'ils en ont : car il faudroit qu'ils connussent la nature de tous les êtres, pour sçavoir quels rapports conviennent le mieux à la leur.

Voici le sommaire de toute la sagesse humaine dans l'usage des Passions: 1°. Sentir les vrais rapports de l'homme, tant dans l'espéce que dans l'individu. 2°. Ordonner toutes les affections de l'ame selon ces rapports.

BONHEUR.

Nous ne sçavons ce que c'est que Bonheur ou malheur absolu. Tout est mêlé dans cette vie, on n'y goûte aucun sentiment pur, on n'y reste pas deux momens dans le même état. Les affections de nos ames, ainsi que les modifications de nos corps, sont dans un flux continuel. Le bien & le mal nous sont communs à tous, mais en différentes mesures. Le plus heureux est celui qui souffre le moins de peines; le plus misérable est celui qui sent le moins de plaisirs. Toujours plus de souffrances que jouissances : voilà la différence commune à tous. La félicité de l'homme ici-bas n'est donc qu'un état négatif, on doit la mesurer par la moindre quantité des maux qu'il souffre.

Tout sentiment de peine est inséparable du désir de s'en délivrer : toute idée de plaisir est inséparable du désir d'en jouir : tout désir suppose privation, & toutes les privations qu'on sent sont pénibles ; c'est donc dans la disproportion de nos désirs & de nos facultés, que consiste notre misère. Un être sensible, dont les facultés égaleroient les désirs, seroit un être absolument heureux.

En quoi donc consiste la sagesse humaine ou la route du vrai Bonheur ? Ce n'est pas précisément à diminuer nos désirs ; car s'ils étoient au-dessous de notre puissance, une partie de nos facultés resteroit oisive, & nous ne jouirions pas de tout notre être. Ce n'est pas non plus à étendre nos facultés ; car si nos désirs s'étendoient à la fois en plus grand rapport, nous n'en deviendrions que plus misérables : mais c'est à diminuer l'excès des désirs sur les facultés, & à mettre en égalité parfaite la puissance & la volonté. C'est alors seulement que toutes les forces étant en action, l'ame cependant restera paisible, & que l'homme se trouvera bien ordonné.

Le monde réel a ses bornes, le monde imaginaire est infini : ne pouvant élargir l'un, retrecissons l'autre ; car c'est de leur seule différence que naissent toutes les peines qui nous rendent vraiment malheureux. Otez la force, la santé, le bon témoignage de soi, tous les biens de cette vie sont dans l'opinion : ôtez les douleurs du corps & les remords de la conscience, tous nos maux sont imaginaires.

Tous les animaux ont exactement les facultés nécessaires pour se conserver. L'homme seul en a de superflues. N'est-ce pas bien étrange que ce superflu soit l'instrument de sa misère ? Dans tout pays les bras d'un homme valent plus que sa substance. S'il étoit assez sage pour compter ce superflu pour rien, il auroit toujours le nécessaire, parce qu'il n'auroit jamais rien de trop. Les grands besoins, disoit Favorin, naissent des grands biens, & souvent le meilleur moyen de se donner les choses dont on manque est de s'ôter celles qu'on a : c'est à force de nous travailler pour augmenter notre bonheur, que nous le changeons en misère. Tout homme qui ne voudroit que vivre, vivroit heureux ; par conséquent il vivroit bon, car où seroit pour lui l'avantage d'être méchant

Nous jugeons trop du bonheur sur les

apparences; nous le fuppofons où il eft le moins; nous le cherchons où il ne fçauroit être : la gaïté n'en eft qu'un figne très-équivoque. Un homme gai n'eft fouvent qu'un infortuné, qui cherche à donner le change aux autres, & à s'étourdir lui-même. Ces gens fi riants, fi ouverts, fi férieux dans un cercle, font prefque tous triftes & grondeurs chez eux, & leurs domeftiques portent la peine de l'amufement qu'ils donnent à leurs fociétés. Le vrai contentement n'eft ni gai, ni folâtre; jaloux d'un fentiment fi doux, en le goûtant on y penfe, on le favoure, on craint de l'évaporer. Un homme vraiment heureux ne parle guères, & ne rit guères; il refferre, pour ainfi dire, le bonheur autour de fon cœur. Les jeux bruyans, la turbulente joie voilent les dégoûts & l'ennui. Mais la mélancolie eft amie de la volupté; l'attendriffement & les larmes accompagnent les plus douces jouissances, & l'excessive joie elle-même arrache plutôt des pleurs que des ris.

Si d'abord la multitude & la variété des amusemens paroissent contribuer au Bonheur, si l'uniformité d'une vie égale paroît d'abord ennuyeuse ; en y regardant mieux, on trouve, au contraire, que la plus douce habitude de l'ame consiste dans une modération de jouissance, qui laisse peu de prise au désir & au dégoût. L'inquiétude des désirs produit la curiosité, l'inconstance ; le vuide des turbulents plaisirs produit l'ennui.

On a du plaisir quand on en veut avoir ; c'est l'opinion seule qui rend tout difficile, qui chasse le Bonheur devant nous ; & il est cent fois plus aisé d'être heureux que de le paroître.

Il n'est point de route plus sûre pour aller au Bonheur, que celui de la vertu,

Si l'on y parvient, il est plus pur, plus solide & plus doux par elle; si on le manque, elle seule peut en dédommager.

Que font ces hommes sensuels qui multiplient si indiscretement leurs douleurs par leurs voluptés? Ils annéantissent pour ainsi dire leur existence à force de l'étendre sur la terre; ils aggravent le poids de leurs chaînes par le nombre de leurs attachemens; ils n'ont point de jouissances qui ne leur préparent mille amères privations : plus ils sentent & plus ils souffrent : plus ils s'enfoncent dans la vie, & plus ils sont malheureux.

Tout ce qui tient aux sens & n'est pas nécessaire à la vie, change de nature aussi-tôt qu'il tourne en habitude. Il cesse d'être un plaisir en devenant un besoin; c'est à la fois une chaîne qu'on se donne & une jouissance dont on se prive,

prive, & prévenir toujours les désirs, n'est pas l'art de les contenter, mais de les éteindre. Un objet plus noble qu'on doit se proposer en cela, est de rester maître de soi-même, d'accoutumer ses passions à l'obéissance, & de plier tous ses désirs à la régle. C'est un nouveau moyen d'être heureux, car on ne jouit sans inquiétude que de ce qu'on peu perdre sans peine; & si le vrai Bonheur appartient au sage, c'est parce qu'il est de tous les hommes celui à qui la fortune peut le moins ôter.

Tous les Conquérans n'ont pas été tués; tous les usurpateurs n'ont pas échoué dans leurs entreprises; plusieurs paroîtront heureux aux esprits prévenus des opinions vulgaires; mais celui qui, sans s'arrêter aux apparences, ne juge du Bonheur des hommes que par l'état de leurs cœurs verra leur misere dans leurs succès mêmes, il verra

D.

leurs désirs & leurs soucis rongeans s'étendre & s'accroître avec leur fortune; il les verra perdre haleine en avançant, sans jamais parvenir à leurs termes. Il les verra semblables à ces voyageurs inexpérimentés, qui, s'engageant pour la première fois dans les Alpes, pensent les franchir à chaque montagne, & quand ils sont au sommet, trouvent avec découragement de plus hautes montagnes au devant d'eux.

Celui qui pourroit tout sans être Dieu, seroit une misérable créature; il seroit privé du plaisir de désirer; toute autre privation seroit plus supportable. D'où il suit que tout Prince qui aspire au despotisme, aspire à l'honneur de mourir d'ennui. Dans tous les Royaumes du monde cherchez-vous l'homme le plus ennuyé du pays? Allez toujours directement au Souverain, sur-tout s'il est très-absolu. C'est bien la peine de faire tant de misérables ! Ne sçauroit-il s'ennuyer à moindres frais ?

Les gueux sont malheureux, parce qu'ils sont toujours gueux, les Rois sont malheureux, parce qu'ils sont toujours Rois. Les états moyens dont on sort plus aisément offrent des plaisirs au-dessus & au-dessous de soi ; ils étendent aussi les lumières de ceux qui les remplissent, en leur donnant plus de préjugés à connoître, & plus de degrés à comparer. Voilà, ce me semble, la principale raison pour quoi c'est généralement dans les conditions médiocres qu'on trouve les hommes les plus heureux & du meilleur sens.

Le signe le plus assuré du vrai contentement d'esprit est la vie retirée & domestique, & l'on peut croire que ceux qui vont sans cesse chercher leur Bonheur chez autrui ne l'ont point chez eux-mêmes.

VERTU.

LE mot de Vertu vient de *force*, la force est la base de toute Vertu.

L'homme vertueux est celui qui sçait vaincre ses affections.

La Vertu n'appartient qu'à un être foible par sa nature & fort par sa volonté ; c'est en cela que consiste le mérite de l'homme juste.

L'exercice des plus sublimes Vertus élève & nourrit le génie.

Les ames d'une certaine trempe transforment pour ainsi dire, les autres en elles-mêmes ; elles ont une sphère d'activité dans laquelle rien ne leur résiste ; on ne peut les connoître sans les vouloir imiter, & de leur sublime élévation elles attirent à elles tout ce qui les environne.

Il n'est pas si facile qu'on pense de renoncer à la Vertu. Elle tourmente long-tems ceux qui l'abandonnent, & ses charmes qui font les délices des ames pures, sont le premier supplice du méchant, qui les aime encore & n'en sçauroit plus jouir.

L'exercice des Vertus sociales porte au fond des cœurs l'amour de l'humanité ; c'est en faisant le bien qu'on devient bon.

La Vertu est si nécessaire à nos cœurs, que quand on a une fois abandonné la véritable, on s'en fait ensuite une à sa mode, & l'on y tient plus fortement, peut-être, parce qu'elle est de notre choix.

Si les sacrifices à la Vertu coutent souvent à faire, il est toujours doux de les avoir faits, & l'on n'a jamais vu personne se repentir d'une bonne action.

Une ame une fois corrompue l'est pour toujours, & ne revient plus au bien d'elle-même; à moins que quelque révolution subite, quelque brusque changement de fortune & de situation ne change tout-à-coup ses rapports, & par un violent ébranlement ne l'aide à retrouver une bonne assiete. Toutes ses habitudes étant rompues, & toutes ses passions modifiées, dans ce bouleversement général, on reprend quelquefois son caractère primitif, & l'on devient comme un nouvel être sorti récemment des mains de la Nature. Alors le souvenir de sa précédente bassesse, peut servir de préservatif contre une rechute. Hier on étoit abject & foible, aujourd'hui l'on est fort & magnanime. En se contemplant de si près dans deux états si différens, on en sent mieux le prix de celui où l'on est remonté; & l'on en devient plus attentif à s'y soutenir.

La jouissance de la Vertu est toute intérieure & ne s'apperçoit que par celui qui la sent : mais tous les avantages du vice frappent les yeux d'autrui, & il n'y a que celui qui les a qui sçache ce qu'ils lui coutent. C'est peut-être là la clef des faux jugemens des hommes sur les avantages du vice & sur ceux de la Vertu.

Il n'y a que des ames de feu qui sçachent combattre & vaincre. Tous les grands efforts, toutes les actions sublimes sont leur ouvrage ; la froide raison n'a jamais rien fait d'illustre, & l'on ne triomphe des passions qu'en les opposant l'une à l'autre. Quand celle de la Vertu vient à s'élever, elle domine seule & tient tout en équilibre : voilà comme se forme le vrai sage, qui n'est pas plus qu'un autre à l'abri des passions ; mais qui seul sçait les vaincre par elles-mêmes, comme un pilote fait route par les mauvais vens.

La Vertu est un état de guerre, & pour y vivre on a toujours quelque combat à rendre contre soi.

Si la vie est courte pour le plaisir, qu'elle est longue pour la Vertu ! Il faut être incessamment sur ses gardes. L'instant de jouir passe & ne revient plus ; celui de mal faire passe & revient sans cesse : on s'oublie un moment, & l'on est perdu.

La fausse honte & la crainte du blâme inspirent plus de mauvaises actions que de bonnes; mais la vertu ne sçait rougir que de ce qui est mal.

L'homme de bien porte avec plaisir le doux fardeau d'une vie utile à ses semblables : il sent ce que la vaine sagesse des méchans n'a jamais pû croire; qu'il est un bonheur réservé dès ce ce monde aux seuls amis de la Vertu.

Il vaut mieux déroger à la Noblesse qu'à la Vertu, & la femme d'un charbonnier est plus respectable que la maîtresse d'un Prince.

On a dit qu'il n'y avoit point de héros pour son valet de chambre, cela peut être ; mais l'homme juste a l'estime de son valet, ce qui montre assez, que l'héroïsme n'a qu'une vaine apparence, & qu'il n'y a rien de solide que la Vertu.

Charme inconcevable de la beauté qui ne périt point ! Ce ne sont point les vicieux au faîte des honneurs, dans le sein des plaisirs qui font envie ; ce sont les vertueux infortunés, & l'on sent au fond de son cœur la félicité réelle que couvroient leurs maux apparens. Ce sentiment est commun à tous les hommes, & souvent même en dépit d'eux. Ce divin modèle que chacun de nous porte avec lui, nous enchante malgré que nous en ayons ; sitôt que la passion nous permet de le voir, nous lui voulons ressembler, & si le plus méchant des hommes pouvoit être un autre que lui-même, il voudroit être un homme de bien.

Les Vertus privées sont souvent d'autant plus sublimes qu'elles n'aspirent point à l'approbation d'autrui, mais seulement au bon témoignage de soi-même ; & la conscience du juste lui tient lieu des louanges de l'Univers.

La félicité est la fortune du sage, & il n'y en a point sans vertu,

HONNEUR.

On peut distinguer dans ce qu'on appelle Honneur, celui qui se tire de l'opinion publique, & celui qui dérive de l'estime de soi-même. Le premier consiste en vains préjugés plus mobiles qu'une onde agitée ; le second a sa base dans les vérités éternelles de la morale. L'Honneur du monde peut être avantageux à la fortune, mais il ne pénétre point dans l'ame & n'influe en rien sur le vrai bonheur. L'Honneur véritable au contraire en forme l'essence, parce qu'on ne trouve qu'en lui ce sentiment permanent de satisfaction intérieure, qui seul peut rendre heureux un Être pensant.

CHASTETÉ, PURETÉ, PUDEUR.

La Chasteté doit être une vertu délicieuse pour une belle femme qui a quelque élévation dans l'ame. Tandis qu'elle voit toute la terre à ses pieds, elle triomphe de tout & d'elle-même : elle s'éléve dans son propre cœur un trône auquel tout vient rendre hommage : les sentimens tendres ou jaloux, mais toujours respectueux, des deux sexes, l'estime universelle & la sienne propre, lui payent sans cesse en tribut de gloire les combats de quelques instans. Les privations sont passageres, mais le prix en est permanent. Quelle jouissance pour une ame noble, que l'orgueil de la vertu jointe à la beauté ! Réalisez une héroïne de Roman, elle goûtera des voluptés plus exquises que les Laïs & les Cléopatres ; & quand sa beauté ne sera plus, sa gloire & ses plaisirs resteront encore; elle seule sçaura jouir du passé.

La Pureté se soutient par elle-même ; les désirs toujours réprimés s'accoutument à ne plus renaître, & les tentations ne se multiplient que par l'habitude d'y succomber.

La force de l'ame, qui produit toutes les vertus, tient à la pureté qui les nourrit toutes.

Rien n'est méprisable de ce qui tend à garder la pureté, & ce sont les petites précautions qui conservent les grandes vertus.

Les désirs voilés par la honte n'en deviennent que plus séduisans ; en les gênant la Pudeur les enflamme : ses craintes, ses détours, ses réserves, ses timides aveux, sa tendre & naïve finesse, disent mieux ce qu'elle croit taire que la passion ne l'eût dit sans elle : c'est elle qui donne du prix aux faveurs & de la douceur aux refus. Le véritable amour possède en effet ce que la seule Pudeur lui dispute ; ce mélange de foiblesse & de modestie le rend plus touchant & plus tendre ; moins il obtient, plus la valeur de ce qu'il obtient en augmente, & c'est ainsi qu'il jouit à la fois de ses privations & de ses plaisirs.

Le vice a beau se cacher dans l'obscurité, son empreinte est sur les fronts coupables : l'audace d'une femme est le signe assuré de sa honte ; c'est pour avoir trop à rougir qu'elle ne rougit plus ; & si quelquefois la Pudeur survit à la Chasteté, que doit-on penser de la Chasteté, quand la Pudeur même est éteinte ?

Douce Pudeur ! Suprême volupté de l'amour ; que de charmes perd une femme, au moment qu'elle renonce à toi! Combien, si elles connoissoient ton empire, elles mettroient de soin à te conserver, sinon par honnêteté, du moins par coquetterie! Mais on ne joue point la Pudeur. Il n'y a point d'artifice plus ridicule que celui qui la veut imiter.

PITIÉ.

La Pitié est une vertu d'autant plus universelle, & d'autant plus utile à l'homme, qu'elle précéde en lui l'usage de toute réflexion, & si naturelle, que les bêtes mêmes en donnent quelquefois des signes sensibles.

On voit avec plaisir l'Auteur de la Fable des Abeilles, forcé de reconnoître l'homme comme un Être compàtissant & sensible, sortir de son style froid & subtile, pour nous offrir la pathétique image d'un homme enfermé qui apperçoit au dehors une bête féroce, arrachant un enfant du sein de sa mere, brisant sous sa dent meurtriere les foibles membres, & déchirant de ses ongles les entrailles palpitantes de cet enfant. Quelle affreuse agitation n'éprouve pas ce témoin d'un événement auquel il ne prend aucun intérêt personnel ? Quelles angoisses ne souffret-il pas à cette vûe, de ne pouvoir porter aucun secours à la mere évanouie, ni à l'enfant expirant ?

Mandeville a bien senti qu'avec toute leur morale, les hommes n'eussent jamais été que des monstres, si la nature ne leur eût donné la pitié à l'appui de la raison : mais il n'a pas vû que de cette seule qualité découlent toutes les vertus sociales qu'il veut disputer aux hommes. En effet, qu'est-ce que la générosité, la clémence, l'humanité, sinon la pitié appliquée aux foibles, aux coupables, ou à l'espéce humaine en général? La bienveillance & l'amitié même sont, à le bien prendre, des productions d'une pitié constante, fixée sur un objet particulier : car désirer que quelqu'un ne souffre point, qu'est-ce autre chose que désirer qu'il soit heureux?

La pitié qu'on a du mal d'autrui ne se mesure pas sur la quantité de ce mal, mais sur le sentiment qu'on prête à ceux qui le souffrent.

On ne plaint un malheureux qu'autant qu'on croit qu'il se trouve à plaindre.

Pour empêcher la pitié de dégénérer en foiblesse, il faut la généraliser, & l'étendre sur tout le genre humain. Alors on ne s'y livre qu'autant qu'elle est d'accord avec la justice, parce que de toutes les vertus, la justice est celle qui concourt le plus au bien commun des hommes. Il faut par raison, par amour pour nous, avoir pitié de notre espéce, encore plus de notre prochain, & c'est une très-grande cruauté envers les hommes que la pitié pour les méchans.

Pour plaindre le mal d'autrui, sans doute il faut le connoître, mais il ne faut pas le sentir. Quand on a souffert, ou qu'on craint de souffrir, on plaint ceux qui souffrent ; mais tandis qu'on souffre, on ne plaint que soi. Or si, tous étant assujettis aux miseres de la vie, nul n'accorde aux autres que la sensibilité dont il n'a pas actuellement besoin pour lui-même, il s'ensuit que la commisération doit être un sentiment très-doux, puisqu'elle dépose en notre faveur, & qu'au contraire un homme dur est toujours malheureux, puisque l'état de son cœur ne lui laisse aucune sensibilité surabondante qu'il puisse accorder aux peines d'autrui.

Il y a des gens qui ne sçavent être émus que par des cris & des pleurs ; les longs & sourds gémissemens d'un cœur serré de détresse ne leur ont jamais arraché des soupirs ; jamais l'aspect d'une contenance abattue, d'un visage have & plombé, d'un œil éteint & qui ne peut plus pleurer, ne les fit pleurer eux-mêmes ; les maux de l'ame ne sont rien pour eux ; ils sont jugés, la leur ne sent rien : n'attendez d'eux que rigueur inflexible, endurcissement, cruauté. Ils pourront être integres & justes, jamais clémens, généreux, pitoyables. Je dis qu'ils pourront être justes, si toutefois un homme peut l'être quand il n'est pas miséricordieux.

La pitié est douce, parce qu'en se mettant à la place de celui qui souffre, on sent pourtant le plaisir de ne pas souffrir comme lui. L'envie est amere, en ce que l'aspect d'un homme heureux, loin de mettre l'envieux à sa place, lui donne le regret de n'y pas être. Il semble que l'un nous exempte des maux qu'il souffre, & que l'autre nous ôte les biens dont il jouit.

AMOUR DE LA PATRIE.

LES plus grands prodiges de vertu ont été produits par l'Amour de la Patrie : ce sentiment doux & vif qui joint la force de l'amour propre à toute la beauté de la vertu, lui donne une énergie qui, sans la défigurer, en fait la plus héroïque de toutes les passions. C'est lui qui produisit tant d'actions immortelles dont l'éclat éblouit nos foibles yeux, & tant de grands hommes dont les antiques vertus passent pour des fables depuis que l'Amour de la Patrie est tournée en dérision. Ne nous en étonnons pas, les transports des cœurs tendres paroissent autant de chimeres à quiconque ne les a point sentis; & l'Amour de la Patrie, plus vif & plus délicieux cent fois que celui d'une maîtresse, ne se conçoit de même qu'en l'éprouvant: mais il est aisé de remarquer dans tous les cœurs qu'il échauffe, dans toutes les actions qu'il inspire, cette ardeur bouillante & sublime dont ne brille pas la plus pure vertu quand elle en est séparée. Osons opposer Socrate même à Caton : l'un étoit plus philosophe, & l'autre plus citoyen. Athènes étoit déjà perdue, & Socrate n'avoit plus de patrie que le monde entier : Caton porta toujours la sienne au fond de son cœur; il ne vivoit que pour elle & ne put lui survivre. La vertu de Socrate est celle du plus sage des hommes : mais entre César & Pompée, Caton semble un Dieu parmi des Mortels. L'un instruit quelques Particuliers, combat les Sophistes, & meurt pour la vérité : l'autre défend l'Etat, la liberté, les loix contre les Conquérans du monde, & quitte enfin la terre quand il n'y voit plus de Patrie à servir. Un digne Eléve de Socrate seroit le plus vertueux de ses Contemporains : un digne Emule de Caton en seroit le plus grand. La vertu du premier feroit son bonheur, le second chercheroit son bonheur dans celui de tous. Nous serions instruits par l'un & conduits par l'autre, & cela seul décideroit de la préférence : car on n'a jamais fait un peuple de sages, mais il n'est pas impossible de rendre un peuple heureux.

Voulons-nous que les peuples soient vertueux ? commençons donc par leur faire aimer la Patrie : mais comment l'aimeront-ils, si la Patrie n'est rien de plus pour eux que pour des Etrangers, & qu'elle ne leur accorde que ce qu'elle ne peut refuser à personne? ce seroit bien pis s'ils n'y jouissoient pas même de la sûreté civile, & que leurs biens, leur vie ou leur liberté fussent à la discrétion des hommes puissans, sans qu'il leur fût possible ou permis d'oser reclamer les loix. Alors soumis aux devoirs de l'état civil, sans jouir même des droits de l'état de nature, & sans pouvoir employer leurs forces pour se défendre, ils seroient par conséquent dans la pire condition où se puissent trouver des hommes libres, & le mot de *Patrie* ne pourroit avoir pour eux qu'un sens odieux ou ridicule.

AMOUR PROPRE, AMOUR DE SOI-MÊME.

Il ne faut pas confondre l'Amour propre & l'Amour de soi-même ; deux passions très-différentes par leur nature & par leurs effets. L'Amour de soi-même est un sentiment naturel qui porte tout animal à veiller à sa propre conservation, & qui, dirigé dans l'homme par la raison & modifié par la pitié, produit l'humanité & la vertu. L'Amour propre n'est qu'un sentiment relatif, factice & né dans la société, qui porte chaque individu à faire plus de cas de soi que de tout autre, qui inspire aux hommes tous les maux qu'ils se font mutuellement, & qui est la véritable source de l'honneur.

Le plus méchant des hommes est celui

celui qui s'ifole le plus, qui concentre le plus fon cœur en lui-même ; le meilleur eft celui qui partage également fes affections à tous fes femblables. Il vaut beaucoup mieux aimer une maîtreffe que de s'aimer feul au monde. Mais quiconque aime tendrement fes parens, fes amis, fa patrie, & le genre humain, fe dégrade par un attachement défordonné qui nuit bientôt à tous les autres, & leur eft infailliblement préféré.

L'Amour de foi, qui ne regarde qu'à nous, eft content quand nos vrais befoins font fatisfaits ; mais l'Amour propre, qui fe compare, n'eft jamais content & ne fçauroit l'être, parce que ce fentiment, en nous préférant aux autres, exige auffi que les autres nous préférent à eux, ce qui eft impoffible. Voilà comment les paffions douces & affectueufes naiffent de l'Amour de foi,

& comment les passions haineuses & irascibles naissent de l'Amour propre. Ainsi ce qui rend l'homme essentiellement bon, est d'avoir peu de besoins & de peu se comparer aux autres; ce qui le rend essentiellement méchant, est d'avoir beaucoup de besoins & de tenir beaucoup à l'opinion.

Les préceptes de la loi naturelle ne sont pas fondés sur la raison seule, ils ont une base plus solide & plus sage. L'amour des hommes dérivé de l'amour de soi, est le principe de la justice humaine.

AMOUR.

On peut diſtinguer le moral du phyſique dans le ſentiment de l'Amour. Le phyſique eſt ce déſir général qui porte un ſexe à s'unir à l'autre : le moral eſt ce qui détermine ce déſir & le fixe ſur un ſeul objet excluſivement, ou qui, du moins, lui donne pour cet objet préféré un plus grand dégré d'énergie. Or il eſt facile de voir que le moral de l'Amour eſt un ſentiment factice, né de l'uſage de la ſociété, & célébré par les femmes avec beaucoup d'habileté & de ſoin pour établir leur empire, & rendre dominant le ſexe qui devroit obéir.

On aime bien plus l'image qu'on ſe fait, que l'objet auquel on l'applique. Si l'on voyoit ce qu'on aime exactement tel qu'il est, il n'y auroit plus d'amour sur la terre. Quand on cesse d'aimer, la personne qu'on aimoit reste la même qu'auparavant, mais on ne la voit plus la même. Le voile du prestige tombe, & l'amour s'évanouit.

Les premieres voluptés sont toujours mystérieuses; la pudeur les assaisonne & les cache : la premiere maîtresse ne rend pas effronté, mais timide. Tout absorbé dans un état si nouveau pour lui, le jeune homme se recueille pour le goûter, & tremble de le perdre. S'il est bruyant, il n'est ni voluptueux ni tendre; tant qu'il se vante, il n'a pas joui.

Le véritable amour est le plus chaste de tous les liens. C'est lui, c'est son feu divin qui sçait épurer nos penchans naturels, en les concentrant dans un seul objet; c'est lui qui nous dérobe aux tentations, & qui fait qu'excepté cet objet unique, un sexe n'est plus rien pour l'autre.

L'argent tue l'amour infailliblement. Quiconque paye, fut-il le plus aimable des hommes, par cela seul qu'il paye, ne peut être long-tems aimé. Bientôt il payera pour un autre, ou plutôt cet autre sera payé de son argent; & dans ce double lien formé par l'intérêt, par la débauche, sans amour, sans honneur, sans vrai plaisir, la femme avide, infidéle & misérable, traitée par le vil qui reçoit comme elle traite le sot qui donne, reste ainsi quitte envers tous deux.

Celui qui disoit : je posséde Laïs sans qu'elle me posséde, disoit un mot sans esprit. La possession qui n'est pas réciproque n'est rien : c'est tout au plus la possession du sexe, mais non pas de l'individu. Or, où le moral de l'amour n'est pas, pourquoi faire une si grande affaire du reste? Rien n'est si facile à trouver. Un Muletier est là-dessus plus près du bonheur qu'un Millionnaire.

Le plus grand prix des plaisirs est dans le cœur qui les donne : un véritable Amant ne trouveroit que douleur, rage & désespoir dans la possession même de ce qu'il aime, s'il croyoit n'en point être aimé.

Malgré l'absence, les privations, les allarmes, malgré le désespoir même, les puissans élancemens de deux cœurs l'un vers l'autre ont toujours une volupté secrette ignorée des ames tranquilles.

L'amour, qui rapproche tout, n'éleve point la personne; il n'éleve que les sentimens.

Généralement les hommes sont moins constans que les femmes, & se rebutent plutôt qu'elles de l'amour heureux. La femme pressent de loin l'inconstance de l'homme, & s'en inquiette ; c'est ce qui la rend aussi plus jalouse. Quand il commence à s'attiédir, forcée à lui rendre pour le garder tous les soins qu'il prit autrefois pour lui plaire, elle pleure, elle s'humilie à son tour, & rarement avec le même succès. L'attachement & les soins gagnent les cœurs : mais ils ne les recouvrent guères.

Vous êtes bien folles, vous autres femmes, de vouloir donner de la consistance à un sentiment aussi frivole & aussi passager que l'amour. Tout change dans la nature, tout est dans un flux continuel, & vous voulez inspirer des feux constans ? Et de quel droit prétendez-vous être aimée aujourd'hui parce que vous l'étiez hier ? Gardez donc la même visage, le même âge, la même humeur ; soyez toujours la même & l'on vous aimera toujours, si l'on peut. Mais changer sans cesse & vouloir toujours qu'on vous aime, c'est vouloir qu'à chaque instant on cesse de vous aimer; ce n'est pas chercher des cœurs constans, c'est en chercher d'aussi changeans que vous.

L'image de la félicité ne flatte plus les hommes ; la corruption du vice n'a pas moins dépravé leur goût que leurs cœurs. Ils ne sçavent plus sentir ce qui est touchant, ni voir ce qui est aimable. Vous qui, pour peindre la volupté, n'imaginez jamais que d'heureux Amans nâgeant dans le sein des délices, que vos tableaux sont encore imparfaits! Vous n'en avez que la moitié la plus grossiere ; les plus doux attraits de la volupté n'y sont point. O qui de vous n'a jamais vu deux jeunes époux unis sous d'heureux auspices sortant du lit nuptial, & portant à la fois dans leurs regards languissans & chastes l'yvresse des doux plaisirs qu'ils viennent de goûter,

goûter, l'aimable sécurité de l'innocence, & la certitude alors si charmante de couler ensemble le reste de leurs jours? Voilà l'objet le plus ravissant qui puisse être offert au cœur de l'homme; voilà le vrai tableau de la volupté! Vous l'avez vu cent fois sans le reconnoître; vos cœurs endurcis ne sont plus faits pour l'aimer.

J'ai peine à concevoir comment on rend assez peu d'honneur aux femmes, pour leur oser adresser sans cesse ces fades propos galans, ces complimens insultans & moqueurs, auxquels on ne daigne pas même donner un air de bonne foi; les outrager par ces évidens mensonges, n'est-ce pas leur déclarer assez nettement qu'on ne trouve aucune vérité obligeante à leur dire? Que l'amour se fasse illusion sur les qualités de ce qu'on aime, cela n'arrive que trop souvent; mais est-il question d'amour

G

dans tout ce mauſſade jargon ? Ceux mêmes qui s'en ſervent, ne s'en ſervent-ils pas également pour toutes les femmes, & ne ſeroient-ils pas au déſeſpoir qu'on les crût ſérieuſement amoureux d'une ſeule ? Qu'ils ne s'inquiettent pas. Il faudroit avoir d'étranges idées de l'amour pour les en croire capables, & rien n'eſt plus éloigné de ſon ton que celui de la galanterie. De la maniere que je conçois cette paſſion terrible, ſon trouble, ſes égaremens, ſes palpitations, ſes tranſports, ſes brûlantes expreſſions, ſon ſilence plus énergique, ſes inexprimables regards que leur timidité rend téméraires & qui montrent les déſirs par la crainte, il me ſemble qu'après un langage auſſi véhément, ſi l'Amant venoit à dire une ſeule fois, *je vous aime*, l'Amante indignée lui diroit, *vous ne m'aimez plus*, & ne le reverroit de ſa vie,

L'amour véritable est un feu dévorant qui porte son ardeur dans les autres sentimens, & les anime d'une vigueur nouvelle. C'est pour cela qu'on a dit que l'amour faisoit des Héros.

Le moment de la possession est une crise de l'amour.

Le plus puissant de tous les obstacles à la durée des feux de l'amour, est de n'en avoir plus à vaincre, & de se nourrir uniquement d'eux-mêmes. L'univers n'a jamais vu de passion soutenir cette épreuve.

Le véritable amour a cet avantage, aussi-bien que la vertu, qu'il dédommage de tout ce qu'on lui sacrifie, & qu'on jouit en quelque sorte des privations qu'on s'impose par le sentiment même de ce qu'il en coute & du motif qui nous y porte.

Quand le bonheur commun devient impossible, chercher le sien dans celui de ce qu'on aime, n'est-ce pas tout ce qui reste à faire à l'amour sans espoir ?

L'amour est privé de son plus grand charme quand l'honnêteté l'abandonne; pour en sentir tout le prix, il faut que le cœur s'y complaise, & qu'il nous éleve en élevant l'objet aimé. Otez l'idée de la perfection, vous ôtez l'enthousiasme; ôtez l'estime, & l'amour n'est plus rien. Comment une femme pourroit-elle honorer un homme qui se déshonore? Comment pourra-t-il adorer lui-même celle qui n'a pas craint de s'abandonner à un vil corrupteur? Ainsi bientôt ils se mépriseront mutuellement; l'amour ne sera plus pour eux qu'un honteux commerce, ils auront perdu l'honneur & n'auront pas trouvé la félicité.

On n'est point sans plaisirs quand on aime encore. L'image de l'amour éteint, effraye plus un cœur tendre que celle de l'amour malheureux, & le dégoût de ce qu'on possède est un état cent fois pire que le regret de ce qu'on a perdu.

On n'aime point si l'on n'est aimé ; du moins on n'aime pas long-tems. Ces passions sans retour, qui font, dit-on, tant de malheureux, ne sont fondées que sur les sens. Si quelques-unes pénétrent jusqu'à l'ame, c'est par des rapports faux dont on est bientôt détrompé. L'amour sensuel ne peut se passer de la possession, & s'éteint par elle. Le véritable amour ne peut se passer du cœur, & dure autant que les rapports qui l'ont fait naître. Quand ces rapports sont chimériques, il dure autant que l'illusion qui nous les fait imaginer.

Il n'y a point de passion qui nous fasse une si forte illusion que l'amour : on prend sa violence pour un signe de sa durée ; le cœur surchargé d'un sentiment si doux, l'étend, pour ainsi dire, sur l'avenir, & tant que cet amour dure on croit qu'il ne finira point. Mais au contraire, c'est son ardeur même qui le consume ; il s'use avec la jeunesse, il s'efface avec la beauté, il s'éteint sous les glaces de l'âge, & depuis que le monde existe on n'a jamais vu deux Amans en cheveux blancs soupirer l'un pour l'autre. On doit compter qu'on cessera de s'adorer tôt ou tard ; alors l'idole qu'on servoit détruite, on se voit réciproquement tels qu'on est. On cherche avec étonnement l'objet qu'on aima ; ne le trouvant plus on se dépite contre celui qui reste, & souvent l'imagination le défigure autant qu'elle l'avoit parée ; il y a peu de gens, dit la Rochefoucault, qui ne soient honteux de s'être aimés, quand ils ne s'aiment plus.

Si l'amour éteint jette l'ame dans

l'épuisement, l'amour subjugué lui donne, avec la conscience de sa victoire, une élévation nouvelle & un attrait plus vif pour tout ce qui est grand & beau.

Périsse l'homme indigne qui marchande un cœur, & rend l'amour mercenaire ! C'est lui qui couvre la terre des crimes que la débauche y fait commettre. Comment ne seroit pas toujours à vendre celle qui se laisse acheter une fois ? Et dans l'opprobre ou bientôt elle tombe, lequel est l'auteur de sa misere du brutal qui la maltraite en un mauvais lieu, ou du séducteur qui l'y traîne, en mettant le premier ses faveurs à prix ?

AMANS.

UNE femme hardie, effrontée, intrigante, qui ne sçait attirer ses Amans que par la coquetterie, ni les conserver que par les faveurs, les fait obéir comme des valets dans les choses serviles & communes; dans les choses importantes & graves elle est sans autorité sur eux. Mais la femme à la fois honnête, aimable & sage, celle qui force les siens à la respecter, celle qui a de la réserve & de la modestie; celle, en un mot, qui soutient l'amour par l'estime, les envoye d'un signe au bout du monde, au combat, à la gloire, à la mort, où il lui plaît; cet empire est beau, ce me semble, & vaut bien la peine d'être acheté.

Brantome dit que, du tems de François premier, une jeune personne ayant un Amant babillard, lui imposa un silence absolu & illimité, qu'il garda si fidélement deux ans entiers, qu'on le crut devenu muet par maladie. Un jour en pleine assemblée, sa Maîtresse, qui, dans ces tems où l'amour se faisoit avec mystere, n'étoit point connue pour telle, se vanta de le guérir sur le champ, & le fit avec ce seul mot : *parlez*. N'y a-t-il pas quelque chose de grand & d'héroïque dans cet amour là ? Qu'eût fait de plus la philosophie de Pythagore avec tout son faste ? Quelle femme aujourd'hui pourroit compter sur un pareil silence un seul jour, dût-elle le payer de tout le prix qu'elle y peut mettre ?

Deux Amans s'aiment-ils l'un l'autre ? Non ; *vous* & *moi* sont des mots proscrits de leur langue ; ils ne sont plus deux : ils sont un.

L'inconstance & l'amour sont incompatibles : l'Amant qui change, ne change pas ; il commence ou finit d'aimer.

L'Amant qui loue dans l'objet aimé des perfections imaginaires, les voit en effet telles qu'il les repréſente ; il ne ment point en diſant des menſonges ; il flatte ſans s'avilir, & l'on peut au moins l'eſtimer ſans le croire.

AMI, AMITIÉ.

On n'achete ni ſon Ami ni ſa Maîtreſſe.

On n'a pas tout perdu ſur la terre quand on y retrouve un fidéle Ami.

Un honnête Homme n'aura jamais de meilleur Ami que ſa Femme.

Un cœur plein d'un ſentiment qui déborde aime à s'épancher ; du beſoin d'une Maîtreſſe naît bientôt celui d'un Ami.

L'attachement peut se passer de retour, jamais l'amitié. Elle est un échange, un contrat comme les autres, mais elle est le plus saint de tous. Le mot d'*Ami* n'a point d'autre corrélatif que lui-même. Tout homme qui n'est pas l'ami de son ami est très-sûrement un fourbe; car ce n'est qu'en rendant ou feignant de rendre l'amitié, qu'on peut l'obtenir.

Rien n'a tant de poids sur le cœur humain que la voix de l'amitié bien reconnue; car on sçait qu'elle ne nous parle jamais que pour notre intérêt. On peut croire qu'un ami se trompe; mais non qu'il veuille nous tromper. Quelquefois on résiste à ses conseils, mais on ne les méprise.

On peut laisser penser aux indifférens ce qu'ils veulent : mais c'est un crime de souffrir qu'un ami nous fasse un mérite de ce que nous n'avons pas fait pour lui.

Il n'est pas bon que l'homme soit seul. Les ames humaines veulent être accouplées pour valoir tout leur prix, & la force unie des amis, comme celle des lames d'un aimant artificiel, est incomparablement plus grande que la somme de leurs forces particulieres. Divine amitié, c'est là ton triomphe !

Les épanchemens de l'amitié se retiennent devant un témoin quel qu'il soit. Il y a mille secrets que trois amis doivent savoir, & qu'ils ne peuvent se dire que deux à deux.

Tout le charme de la société qui régne entre de vrais amis, est dans cette ouverture de cœur qui met en commun tous les sentimens, toutes les pensées, & qui fait que chacun se sentant tel qu'il doit être, se montre à tous tel qu'il est. Supposez un moment quelque intrigue secrette, quelque liaison qu'il faille cacher, quelque raison de réserve & de mystere, à l'instant tout le plaisir de se voir s'évanouit, on est contraint l'un devant l'autre, on cherche à se dérober, quand on se rassemble on voudroit se fuir ; la circonspection, la bienséance amenent la défiance & le dégoût. Le moyen d'aimer long-tems ceux qu'on craint ?

On prétend que la conversation des amis ne tarie jamais. Il est vrai, la langue fournie un babil facile aux attachemens médiocres. Mais amitié ! sentiment vif & céleste, quels discours sont dignes de toi ? Quelle langue ose être ton interprête ? Jamais ce qu'on dit à son ami peut-il valoir ce qu'on sent à ses côtés ? Mon Dieu ! qu'une main serrée, qu'un regard animé, qu'une étreinte contre la poitrine, que le soupir qui la suit disent de choses, & que le premier mot qu'on prononce est froid après tout cela !

Le silence, l'état de contemplation fait un des grands charmes des hommes sensibles. Mais les importuns empêchent de le goûter, & les amis ont besoin d'être sans témoin pour pouvoir ne se rien dire à leur aise. On veut être recueillis, pour ainsi dire, l'un dans l'autre : les moindres distractions sont désolantes, la moindre contrainte est insupportable. Si quelquefois le cœur porte un mot à la bouche, il est si doux de pouvoir le prononcer sans gêne. Il semble qu'on n'ose penser librement ce qu'on n'ose dire de même : il semble que la présence d'un seul étranger retient le sentiment & comprime des ames qui s'entendroient si bien sans lui.

La communication des cœurs imprime à la tristesse je ne sçai quoi de doux & de touchant que n'a pas le contentement ; & l'amitié a été spécialement donnée aux malheureux pour le soulagement de leurs maux & la consolation de leurs peines.

La voix d'un ami peu donner une grande chaleur aux raisonnemens d'un sage.

Qu'est-ce qui rend les amitiés si tièdes & si peu durables entre les femmes, entre celles mêmes qui sçauroient aimer ? Ce sont les intérêts de l'amour ; c'est l'empire de la beauté ; c'est la jalousie des conquêtes.

SENTIMENT.

Tout devient sentiment dans un cœur sensible. L'Univers entier ne lui offre que des sujets d'attendrissement & de gratitude. Par-tout il apperçoit la bienfaisante main de la Providence; il recueille ses dons dans les productions de la terre; il voit sa table couverte par ses soins; il s'endort sous sa protection; son paisible réveil lui vient d'elle; il sent ses leçons dans les disgraces, & ses faveurs dans les plaisirs; les biens dont jouit tout ce qui lui est cher, sont autant de nouveaux sujets d'hommages. Si le Dieu de l'Univers échappe à ses foibles yeux, il voit par-tout le pere commun des hommes. Honorer ainsi ses bienfaits suprêmes, n'est-ce pas servir autant qu'on peut l'être infini?

O Sentiment, Sentiment ! douce vie de l'ame ! quel est le cœur de fer que tu n'a jamais touché ? Quel est l'infortuné mortel à qui tu n'arrachas jamais de larmes ! les scènes de plaisir & de joie que produit la vivacité du Sentiment, n'épuisent un instant la nature que pour la ranimer d'une vigueur nouvelle ; elles ne sont jamais dangereuses.

A mesure qu'on avance en âge, tous les Sentimens se concentrent. On perd tous les jours quelque chose de ce qui nous fut chere, & l'on ne le remplace plus. On meurt ainsi par degrés, jusqu'à ce que n'aimant enfin que soi-même, on ait cessé de sentir & de vivre avant de cesser d'exister. Mais un cœur sensible se défend de toute sa force contre cette mort anticipée ; quand le froid commence aux extrémités, il rassemble autour de lui toute sa chaleur naturelle ; plus il perd, plus il s'attache à ce qui

H.

lui reste ; & il tient, pour ainsi dire, au dernier objet par les liens de tous les autres.

NATURE, HABITUDE.

LA Nature, nous dit-on, n'est que l'habitude. Que signifie cela ? N'y a-t-il pas des habitudes qu'on ne contracte que par force, & qui n'étouffent jamais la Nature ? Telle est, par exemple, l'habitude des plantes dont on gêne la direction verticale. La plante mise en liberté garde l'inclinaison qu'on l'a forcée à prendre : mais la séve n'a point changé pour cela sa direction primitive, & si la plante continue à végéter, son prolongement redevient vertical. Il en est de même des inclinations des hommes. Tant qu'on reste dans le même état, on peut garder celles qui résultent de l'habitude & qui nous sont le moins naturelles ; mais sitôt que la situation change, l'habitude cesse & le naturel revient. L'éducation n'est certainement qu'une habitude. Or, n'y a-t-il pas des gens qui oublient & perdent leur éducation ? D'autres qui la gardent ? D'où vient cette différence ? S'il faut borner le nom de Nature aux Habitudes conformes à la Nature, on peut s'épargner ce galimathias.

Nous naissons sensibles, & dès notre naissance nous sommes affectés de diverses manières par les objets qui nous environnent. Si-tôt que nous avons pour ainsi dire, la conscience de nos sensations, nous sommes disposés à rechercher ou à fuir les objets qui les produisent, d'abord selon qu'elles nous sont agréables ou déplaisantes, puis selon la convenance ou disconvenance que nous trouvons entre nous & ces objets, &

enfin selon les jugemens que nous en portons sur l'idée de bonheur ou de perfection que la raison nous donne. Ces dispositions s'étendent & s'affermissent à mesure que nous devenons plus sensibles & plus éclairés : mais, contraintes par nos habitudes, elles s'altèrent plus ou moins par nos opinions. Avant cette altération, elles sont ce que j'appelle en nous la Nature.

VICE.

SI l'on pouvoit développer assez les inconséquences du Vice, combien, lorsqu'il obtient ce qu'il a voulu, on le trouveroit loin de son compte ! pourquoi cette barbare avidité de corrompre l'innocence, de se faire une victime d'un jeune objet qu'on eut dû protéger, & que de ce premier pas on traîne inévitablement dans un gouffre de miséres, dont il ne sortira qu'à la mort ? Brutalité, vanité, sottise, & rien davantage. Ce plaisir même n'est pas de la nature, il est de l'opinion, & de l'opinion la plus vile, puisqu'elle tient au mépris de soi. Celui qui se sent le dernier des hommes, craint la comparaison de tout autre, & veut passer le premier pour être moins odieux. Voyez si les plus avides de ce ragoût imaginaire sont jamais de jeunes gens aimables, dignes de plaire, & qui seroient plus excusables d'être difficiles ? Non, avec de la figure, du mérite & des sentimens, on craint peu l'expérience de sa Maîtresse ; dans une juste confiance, on lui dit : tu connois les plaisirs, n'importe ; mon cœur t'en promet que tu n'as jamais connus. Mais un vieux satyre usé de débauche, sans agrément, sans ménagement, sans égard, sans aucune espèce d'honnêteté ; incapable, indigne de plaire à toute femme qui se connoît en gens aimables, croit suppléer à tout cela chez une jeune innocente, en gagnant de vîtesse sur l'expérience, & lui donnant la premiere émotion des sens. Son dernier espoir est de plaire à la faveur de la nouveauté ; c'est incontestablement là le motif secret de cette fantaisie : mais il se trompe, l'horreur qu'il fait n'est pas moins de la nature, que n'en sont les désirs qu'il voudroit exciter ; il se trompe aussi dans sa folle attente ; cette même nature a soin de revendiquer ses droits : toute fille qui se vend, s'est déjà donnée, & s'étant donnée à son choix, elle a fait la comparaison qu'il craint. Il achette donc un plaisir imaginaire, & n'en est pas moins abhorré.

MÉCHANCETÉ, MÉCHANT.

Toute Méchanceté vient de foiblesse ; l'enfant n'est méchant que parce qu'il est foible ; rendez-le fort, il sera bon : celui qui pourroit tout ne feroit jamais de mal. De tous les attributs de la Divinité toute puissante, la bonté est celui sans lequel on la peut le moins concevoir. Tout les Peuples qui ont reconnu deux principes ont toujours regardé le mauvais comme inférieur au bon, sans quoi ils auroient fait une supposition absurde.

Le Méchant se craint & se fuit ; il s'égaye en se jettant hors de lui-même ; il tourne autour de lui des yeux inquiets, & cherche un objet qui l'amuse ; sans la satyre amere, sans la raillerie insultante il seroit toujours triste ; le ris moqueur est son seul plaisir. Au contraire, la sérénité du juste est intérieure ; son ris n'est point de malignité, mais de joie : il en porte la source en lui-même ; il est aussi gai seul qu'au milieu d'un cercle ; il ne tire pas son contentement de ceux qui l'approchent, il le leur communique.

HYPOCRISIE.

L'Hypocrisie est un hommage que le vice rend à la vertu ; oui, comme celui des assassins de César, qui se prosternoit à ses pieds pour l'égorger plus sûrement. Couvrir sa méchanceté du dangereux manteau de l'hypocrisie, ce n'est point honorer la vertu, c'est l'outrager en profanant ses enseignes ; c'est ajouter la lâcheté & la fourberie à tous les autres vices ; c'est se fermer pour jamais

tout

tout retour vers la probité. Il y a des caracteres élevés qui portent jusques dans le crime je ne sçai quoi de fier & de généreux, qui laisse voir au-dedans encore quelque étincelle de ce feu céleste, fait pour animer les belles ames. Mais l'ame vile & rampante de l'hypocrite est semblable à un cadavre où l'on ne trouve plus ni feu, ni chaleur, ni retour à la vie. J'en appelle à l'expérience. On a vu de grands scélérats rentrer en eux-mêmes, achever saintement leur carriere, & mourir en prédestinés. Mais ce que personne n'a jamais vu, c'est un hypocrite de venir homme de bien; on auroit pu raisonnablement tenter la conversion de Cartouche, jamais un homme sage n'eût entrepris celle de Cromwel.

Il n'y a qu'un homme de bien qui sçache l'art d'en former d'autres. Un hypocrite a beau vouloir prendre le ton de la vertu, il n'en peut inspirer le goût à personne, & s'il sçavoit la rendre aimable, il l'aimeroit lui-même.

CARACTERES.

IL est des ames assez ressemblantes pour n'avoir aucun caractere marqué, dont on puisse au premier coup d'œil assigner les différences; & cet embarras de les définir les fait prendre pour des ames communes par un observateur superficiel. Mais c'est cela même qui les distingue, qu'il est impossible de les distinguer, & que les traits du modéle commun, dont quelqu'un manque toujours à chaque individu, brillent tous également en elles. Ainsi chaque épreuve d'une estampe a ses défauts particuliers qui lui servent de caractere, & s'il en vient une qui soit parfaite, quoiqu'on la trouve belle au premier coup d'œil, il faut la considérer long-tems pour la reconnoître.

Comment réprimer la passion même la plus foible quand elle est sans contrepoids ? Voilà l'inconvénient des caracteres froids & tranquilles. Tout va bien tant que leur froideur les garantie des tentations ; mais s'il en survient une qui les atteigne, ils sont aussi-tôt vaincus qu'attaqués, & la raison, qui gouverne tandis qu'elle est seule, n'a jamais de force pour résister au moindre effort.

Les hommes froids qui consultent plus leurs yeux que leur cœur jugent mieux des passions d'autrui, que les gens turbulans & vifs ou vains, qui commencent tojours par se mettre à la place des autres, & ne sçavent jamais voir ce qu'ils sentent.

Celui qui n'est que bon ne demeure tel qu'autant qu'il a du plaisir à l'être :

la bonté se brise & périt sous le choc des passions humaines ; l'homme qui n'est que bon, n'est bon que pour lui.

L'observation nous apprend qu'il y a des Caractères qui s'annoncent presque en naissant, & des enfans qu'on peut étudier sur le sein de leur nourrice. Ceux-là font une classe à part, & s'élevent en commençant de vivre. Mais quant aux autres qui se développent moins vîte, vouloir former leur esprit avant de le connoître, c'est s'exposer à gâter le bien que la nature a fait & à faire plus mal à sa place.

Pour changer un esprit, il faudroit changer l'organisation intérieure ; pour changer un Caractère, il faudroit changer le tempérament dont il dépend. A-t-on jamais ouï dire qu'un emporté soit devenu flegmatique, & qu'un esprit méthodique & froid ait acquis de l'imagination ? Pour moi je trouve qu'il seroit tout auſſi aiſé de faire un blond d'un brun, & d'un ſot un homme d'eſprit. C'eſt donc envain qu'on prétendroit refondre les divers eſprits ſur un modele commun. On peut les contraindre & non les changer : on peut empêcher les hommes de ſe montrer tels qu'ils ſont, mais non les faire devenir autres ; & s'ils ſe déguiſent dans le cours ordinaire de la vie, vous les verrez dans toutes les occaſions importantes reprendre leur Caractère originel, & s'y livrer avec d'autant moins de régle, qu'ils n'en connoiſſent plus en s'y livrant. Encore une fois, il ne s'agit point de changer le Caractère & de plier le naturel ; mais, au contraire de le pouſſer auſſi loin qu'il peut aller, de le cultiver & d'empêcher qu'il ne dégenere ; car c'eſt ainſi qu'un homme devient tout ce qu'il peut être, & que l'ouvrage de la Nature s'acheve en lui par l'éducation. Or, avant de cultiver le Caractère, il faut l'étudier, attendre paisiblement qu'il se montre, lui fournir les occasions de se montrer, & toujours s'abstenir de rien faire, plutôt que d'agir mal à propos. A tel génie il faut donner des aîles, à d'autres des entraves ; l'un veut être pressé, l'autre retenu ; l'un veut qu'on le flatte, & l'autre qu'on l'intimide ; il faudroit tantôt éclairer, tantôt abrutir. Tel homme est fait pour porter la connoissance humaine jusqu'à son dernier terme ; à tel autre, il est même funeste de sçavoir lire. Attendons la premiere étincelle de raison ; c'est elle qui fait sortir le Caractère & lui donne sa véritable forme ; c'est par elle aussi qu'on le cultive, & il n'y a point avant la raison de véritable éducation pour l'homme.

Tous les Caractères sont bons & sains en eux-mêmes. Il n'y a point d'erreurs dans la Nature. Tous les vices qu'on impute au naturel sont l'effet des mauvaises formes qu'il a reçues. Il n'y a point de scélérat dont les penchans mieux dirigés n'eussent produit de grandes vertus. Il n'y a point d'esprit faux dont on n'eut tiré des talens utiles en le prenant d'un certain biais, comme ces figures difformes & monstrueuses qu'on rend belles & bien proportionnées en les mettant à leur point de vue.

COQUETTERIE.

LE manége de la Coquetterie exige un discernement plus fin que celui de la politesse ; car pourvu qu'une femme polie le soit envers tout le monde, elle a toujours assez bien fait ; mais la Coquette perdroit bientôt son empire par cette uniformité mal à droite. A force de vouloir obliger tous ses Amans, elle les rebuteroit tous. Dans la société les manières qu'on prend avec tous les hommes ne laissent pas de plaire à chacun ; pourvu qu'on soit bien traité, l'on y regarde pas de si près sur les préférences : mais en amour une faveur qui n'est pas exclusive est une injure. Un homme sensible aimeroit cent fois mieux être seul mal traité que caressé avec tous les autres, & ce qui peut arriver de pis est de n'être point distingué. Il faut donc qu'une femme qui veut conserver plusieurs Amans, persuade à chacun d'eux qu'elle le préfere, & qu'elle le lui persuade sous les yeux de tous les autres, à qui elle en persuade autant sous les siens.

Voulez-vous voir un personnage embarrassé ? Placez un homme entre deux femmes avec chacune desquelles il aura des liaisons secrettes, puis observez quelle sotte figure il y fera. Placez en même cas une femme entre deux hommes, (& sûrement l'exemple ne sera pas plus rare,) vous serez émerveillé de l'adresse avec laquelle elle donne le change à tous deux, & fera que chacun se rira de l'autre. Or, si cette femme leur témoignoit la même confiance & prenoit avec eux la même familiarité, comment seroient-ils un instant ses dupes ? En les traitant également ne montreroit-elle pas qu'ils ont le même droit sur elle ? Oh ! qu'elle s'y prend bien mieux que cela ! loin de les traiter de la même manière, elle affecte de mettre entr'eux de l'inégalité ; elle fait si bien que celui qu'elle flatte, croit que c'est par tendresse, & que celui qu'elle maltraite croit que c'est par dépit. Ainsi chacun content de son partage, la voit toujours s'occuper de lui, tandis qu'elle ne s'occupe en effet que d'elle seule.

Une certaine Coquetterie maligne

& railleuse désoriente encore plus les soupirans que le silence ou le mépris. Quel plaisir de voir un beau Céladon tout déconcerté, se confondre, se troubler, se perdre à chaque repartie ; de s'environner contre lui de traits moins brulans, mais plus aigus que ceux de l'amour ; de le cribler de pointes de glace, qui piquent à l'aide du froid !

COUPS DU SORT.

Tout ce qu'ont fait les hommes, les hommes peuvent le détruire : il n'y a de caractères ineffaçables que ceux qu'imprime la Nature, & la Nature ne fait ni princes, ni riches, ni grands seigneurs. Que fera donc dans la bassesse, ce satrape que vous n'avez élevé que pour la grandeur ? Que fera dans la pauvreté ce Publicain qui ne sçait vivre que d'or ? Que fera, dépourvu de tout, ce fastueux imbécile qui ne sçait point user de lui-même, & ne met son être que dans ce qui est étranger à lui ? Heureux celui qui sait quitter alors l'état qui le quitte, & rester homme en dépit du sort! qu'on loue tant qu'on voudra ce Roi vaincu, qui veut s'enterrer en furieux sous les débris de son trône; moi je le méprise; je vois qu'il n'existe que par sa couronne, & qu'il n'est rien du tout, s'il n'est roi : mais celui qui la perd & s'en passe, est alors au-dessus d'elle. Du rang de Roi, qu'un lâche, un méchant, un fou peut remplir comme un autre, il monte à l'état d'homme que si peu d'hommes sçavent remplir. Alors il triomphe de la fortune, il la brave, il ne doit rien qu'à lui seul; & quand il ne lui reste à montrer que lui, il n'est point nul ; il est quelque chose. Oui, j'aime mieux cent fois le Roi de Syracuse, maître d'École à Corinthe, & le Roi de Macédoine ; Greffier à Rome, qu'un malheureux Tarquin, ne sçachant que devenir, s'il ne régne pas ; que l'héritier & le fils d'un Roi des Rois *, jouet de quiconque ose insulter à sa misere, errant de Cour en Cour, cherchant par-tout des secours, & trouvant par-tout des affronts, faute de sçavoir faire autre chose qu'un métier qui n'est plus en son pouvoir.

Pour vous soumettre la fortune & les choses, commencez par vous en rendre indépendant. Pour régner par l'opinion, commencez par régner sur elle.

---

* Vonone, fils de Phraates, Roi des Parthes.

INSTITUTIONS SOCIALES.

L'Homme naturel eſt tout pour lui : il eſt l'unité numérique, l'entier abſolu, qui n'a de rapport qu'à lui-même ou à ſon ſemblable. L'homme civil n'eſt qu'une unité fractionnaire qui tient au dénominateur, & dont la valeur eſt dans ſon rapport avec l'entier, qui eſt le corps ſocial. Les bonnes Inſtitutions ſociales ſont celles qui ſçavent le mieux dénaturer l'homme, lui ôter ſon exiſtence abſolue pour lui en donner une rélative, & tranſporter le *moi* dans l'unité commune ; enſorte que chaque particulier ne ſe croye plus un, mais partie de l'unité, & ne ſoit plus ſenſible que dans le tout. Un Citoyen de Rome n'étoit ni Caïus ni Lucius, c'étoit un Romain : même il aimoit la Patrie excluſivement à lui. Regulus se prétendoit Carthaginois, comme étant devenu le bien de ses Maîtres. En sa qualité d'étranger, il refusoit de siéger au Senat de Rome; il fallut qu'un Carthaginois le lui ordonnât. Il s'indignoit qu'on voulût lui sauver la vie. Il vainquit & s'en retourna triomphant mourir dans les supplices. Cela n'a pas grand rapport, ce me semble, aux hommes que nous connoissons.

Le Lacédémonien Pedarete se présente pour être admis au Conseil des trois cens; il est rejetté. Il s'en retourne joyeux de ce qu'il s'est trouvé dans Sparte trois cens hommes valant mieux que lui. Je suppose cette démonstration sincère, & il y a lieu de croire qu'elle l'étoit: voilà le Citoyen.

Une femme de Sparte avoit cinq fils à l'armée, & attendoit des nouvelles de la bataille. Un Ilote arrive; elle lui en demande en tremblant, Vos cinq fils ont été tués. Vil esclave t'ai-je demandé cela ? Nous avons gagné la victoire. La mere court au Temple & rend grace aux Dieux. Voilà la Citoyenne.

PEUPLE.

IL n'y a qu'un pas du sçavoir à l'ignorance ; & l'alternative de l'un à l'autre est fréquente chez les Nations : mais on n'a jamais vu de Peuple une fois corrompu, revenir à la vertu.

Tout Peuple qui a des mœurs, & qui parconséquent respecte les loix, & ne veut point rafiner sur les anciens usages, doit se garantir avec soin des sciences, & sur-tout des sçavans, dont les maximes sententieuses & dogmatiques lui apprendroient bientôt à mépriser ses usages & ses loix ; ce qu'une Nation ne peut jamais faire sans se corrompre.

Le moindre changement dans les coutumes, fut-il même avantageux à certains égards, tourne toujours au préjudice des mœurs : car les coutumes font la morale du Peuple ; & dès qu'il cesse de les respecter, il n'a plus de règle que ses passions, ni de frein que les loix, qui peuvent quelquefois contenir les méchants, mais jamais les rendre bons.

Généralement on apperçoit plus de vigueur d'ame dans les hommes, dont les jeunes ans ont été préservés d'une corruption prématurée, que dans ceux dont le désordre a commencé avec le pouvoir de s'y livrer ; & c'est sans doute une des raisons pourquoi les Peuples qui ont des mœurs surpassent ordinairement en bon sens & en courage les Peuples qui n'en ont pas. Ceux-ci brillent uniquement par je ne sçais quelle petites qualités déliées, qu'ils appellent esprit, sagacité, finesse ; mais ces grandes

des & nobles fonctions de sagesse & de raison qui distinguent & honorent l'homme par de belles actions, par des vertus, par des soins véritablement utiles, ne se trouvent guères que dans les premiers.

C'est le seul moyen de connoître les véritables mœurs d'un Peuple que d'étudier sa vie privée dans les états les plus nombreux ; car s'arrêter aux gens qui représentent toujours, c'est ne voir que des comédiens.

Toutes les Capitales se ressemblent ; tous les Peuples s'y mêlent, toutes les mœurs s'y confondent ; ce n'est pas là qu'il faut aller étudier les Nations. Paris & Londres ne sont à mes yeux que la même Ville. Leurs habitans ont quelques préjugés différens, mais ils n'en ont pas moins les uns que les autres, & toutes leurs maximes pratiques sont les mêmes. On sçait quelles espèces d'hommes doivent se rassembler dans les Cours. On sçait quelles mœurs l'entassement du Peuple & l'inégalité des fortunes doivent par-tout produire. Si-tôt qu'on me parle d'une Ville composée de deux cens mille ames, je sçais d'avance comment on y vit. Ce que je sçaurois de plus sur les lieux, ne vaut pas la peine d'aller l'apprendre. C'est dans les Provinces reculées, où il y a moins de mouvemens, de commerce, où les étrangers voyagent moins, dont les habitans se déplacent moins, changent moins de fortune & d'état, qu'il faut aller étudier le Génie & les mœurs d'une Nation. Voyez en passant la Capitale, mais allez observer au loin le pays. Les François ne sont pas à Paris, ils sont en Touraine; les Anglois sont plus Anglois en Mercie, qu'à Londres, & les Espagnoles plus Espagnols en Galice qu'à Madrid. C'est à ces grandes distances qu'un Peuple se caracterise, & se montre tel qu'il est sans mélange : c'est-là que les bons & les mauvais effets du gouvernement se font mieux sentir ; comme au bout d'un plus grand rayon la mesure des arcs est plus exacte.

C'est le Peuple qui compose le genre humain ; ce qui n'est pas Peuple est si peu de chose, que ce n'est pas la peine de le compter. L'homme est le même dans tous les états : si cela est, les états les plus nombreux méritent le plus de respect. Devant celui qui pense toutes les distinctions civiles disparoissent : il voit les mêmes passions, les mêmes sentimens dans le goujat & dans l'homme illustre ; il n'y discerne que leur langage & qu'un coloris plus ou moins apprêté, & si quelque différence essentielle les distingue, elle est au préjudice des plus dissimulés. Le Peuple se montre tel qu'il est, & n'est pas aimable ; mais il faut bien que les gens du monde déguisent, s'ils se montroient tels qu'ils sont, ils feroient horreur.

GOUVERNEMENT.

UNE des régles faciles & simples pour juger de la bonté rélative des Gouvernemens, est la population. Dans tout pays qui se dépeuple, l'état tend à sa ruine, & le pays qui peuple le plus, fut-il le plus pauvre, est infailliblement le mieux gouverné. Mais il faut pour cela, que cette population soit un effet naturel du Gouvernement & des mœurs ; car si elle se faisoit par des colonies, ou par d'autres voies accidentelles & passageres, alors elles prouveroient le mal par le reméde. Quand Auguste porta des loix contre le célibat, ces loix montroient déjà le déclin de l'Empire Romain. Il faut que la bonté du Gouvernement porte les Citoyens à se marier, & non pas que la loi les y contraigne ; il ne faut pas examiner ce qui se fait par force, car la loi qui combat la constitution, s'élude & devient vaine ; mais ce qui se fait par l'influence des mœurs & par la pente naturelle du Gouvernement, car ces moyens ont seuls un effet constant. C'étoit la politique du bon Abbé de Saint Pierre, de chercher toujours un petit reméde à chaque mal particulier, au lieu de remonter à leur source commune, & de voir qu'on ne les pouvoit guérir que tous à la fois. Il ne s'agit pas de traiter séparément chaque ulcère qui vient sur le corps d'un malade, mais d'épurer la masse du sang qui les produit tous. On dit qu'il y a des prix en Angleterre pour l'Agriculture ; je n'en veux pas davantage ; cela seul me prouve qu'elle n'y brillera pas long-tems.

Ce n'est rien de voir la forme apparente d'un Gouvernement, fardée par l'appareil de l'administration & par le jargon des Administrateurs, si l'on n'en étudit aussi la nature par les effets qu'il produit sur le Peuple, & dans tous les dégrés de l'administration. La différence de la forme au fond, se trouvant partagée entre tous ces dégrés, ce n'est qu'en les embrassant tous, qu'on connoît cette différence. Dans tel pays, c'est par les manœuvres des subdélégués, qu'on commence à sentir l'esprit du ministère : dans tel autre, il faut voir élire les membres du Parlement, pour juger s'il est vrai que la Nation soit libre : dans quelque pays que ce soit, il est impossible que, qui n'a vu que les Villes connoisse le Gouvernement, attendu que l'esprit n'en est jamais le même, pour la Ville & pour la Campagne. Or, c'est la campagne qui fait le pays, & c'est le Peuple de la Campagne qui fait la nation.

Il y a des Peuples sans physionomie auxquels ils ne faut point de peintre, il y a des Gouvernemens sans caractere, auxquels il ne faut pas d'historiens, & où si-tôt qu'on sçait quelle place un homme occupe, on sçait davance tout ce qu'il y fera.

ROI, ROYAUME.

ARCHIMEDE assis tranquillement sur le rivage & tirant sans peine à flot un grand vaisseau, nous représente un Monarque habile gouvernant de son cabinet ses Vastes Etats, & faisant tout mouvoir en paroissant immobile. Les plus grands Rois qu'ait célébré l'histoire, n'ont point été élevés pour régner ; c'est une science qu'on ne possède jamais moins qu'après l'avoir trop apprise, & qu'on acquiert mieux en obéissant qu'en commandant.

Pour qu'un Etat Monarchique pût être bien gouverné, il faudroit que sa grandeur ou son étendue fût mesurée aux facultés de celui qui gouverne. Il est plus aisé de conquérir que de régir. Avec un levier suffisant, d'un doigt on peut

peut ébranler le monde, mais pour le soutenir il faut les épaules d'Hercule.

Le seul éloge digne d'un Roi, est celui qui se fait entendre, non par la bouche mercenaire d'un Orateur, mais par la voix d'un Peuple libre.

Que les Rois ne dédaignent point d'admettre dans leurs Conseils les gens les plus capables de les bien conseiller; qu'ils renoncent à ce vieux préjugé inventé par l'orgueil des Grands, que l'art de conduire les Peuples est plus difficile que celui de les éclairer; comme s'il étoit plus aisé d'engager les hommes à bien faire de leur bon gré, que de les y contraindre par la force. Que les sçavans du premier ordre trouvent dans leurs Cours d'honorables asyles; qu'ils y obtiennent la seule récompense digne d'eux, celle de contribuer par leur crédit au bonheur des Peuples à qui ils auront enseigné la sagesse; c'est alors seulement qu'on verra ce que peuvent la vertu, la science & l'autorité animées d'une noble émulation, & travaillant de concert à la félicité du genre humain. Mais tant que la Puissance sera seule d'un côté, les lumières & la sagesse seules d'un autre, les sçavans penseront rarement de grandes choses, les Princes en feront plus rarement de belles, & les Peuples continueront d'être vils, corrompus & malheureux.

LÉGISLATEUR.

Celui qui ose entreprendre d'instituer un Peuple doit se sentir en état de changer, pour ainsi dire, la Nature humaine ; de transformer chaque individu, qui par lui-même est un tout parfait & solitaire, en partie d'un plus grand tout dont cet individu reçoive en quelque sorte sa vie & son être ; d'altérer la constitution de l'homme pour la renforcer ; de substituer une existence partielle & morale à l'existence physique & indépendante que nous avons tous reçue de la Nature. Il faut, en un mot, qu'il ôte à l'homme ses forces propres pour lui en donner qui lui soient étrangères, & dont il ne puisse faire usage sans le secours d'autrui. Plus ces forces naturelles sont mortes & anéanties, plus les acquises sont grandes & durables, plus aussi l'institution est solide & parfaite : ensorte que si chaque Citoyen n'est rien, ne peut rien, que par tous les autres, & que la force acquise par tout soit égale ou supérieure à la somme des forces naturelles de tous les individus, on peut dire que la Législation est au plus haut point de perfection qu'elle puisse atteindre.

S'il est vrai qu'un grand Prince est un

homme rare, que sera-ce d'un grand Législateur? Le premier n'a qu'à suivre le modèle que l'autre doit proposer. Celui-ci est le méchanicien qui invente la machine, celui-là n'est que l'ouvrier qui la monte & la fait marcher.

Un Peuple ne devient célèbre que quand sa Législation commence à décliner. On ignore durant combien de siècles l'institution de Lycurgue fit le bonheur des Spartiates avant qu'il fût question d'eux dans le reste de la Gréce.

L O I.

C'EST à la Loi seule que les hommes doivent la justice & la liberté. C'est cet organe salutaire de la volonté de tous, qui rétablit dans le droit l'égalité naturelle entre les hommes. C'est cette voix céleste qui dicte à chaque Citoyen les préceptes de la raison publique, & lui apprend à agir selon les maximes de son propre jugement, & à n'être pas en contradiction avec lui-même. C'est elle seule aussi que les chefs doivent faire parler quand ils commandent ; car sitôt qu'indépendamment des Loix, un homme en prétend soumettre un autre à sa volonté privée, il sort à l'instant de l'état civil, & se met vis-à-vis de lui dans le pur état de nature où l'obéissance n'est jamais prescrite que par la nécessité.

La Loi dont on abuse sert à la fois au

puissant d'arme offensive & de bouclier contre le foible ; & le prétexte du bien public est toujours le plus dangereux fléau du Peuple. Ce qu'il y a de plus nécessaire, & peut-être de plus difficile dans le gouvernement, c'est une intégrité sévère à rendre justice à tous, & sur-tout à protéger le pauvre contre la tyrannie du riche. Le plus grand mal est déjà fait, quand on a des pauvres à défendre & des riches à contenir. C'est sur la médiocrité seule que s'exerce toute la force des Loix ; elles sont également impuissantes contre les trésors du riche & contre la misere du pauvre ; le premier les élude, le second leur échappe ; l'un brise la toile, & l'autre passe au travers.

LIBERTÉ.

IL en est de la Liberté comme de l'innocence & de la vertu, dont on ne sent le prix qu'autant qu'on en jouit soi-même, & dont le goût se perd si-tôt qu'on les a perdues. Je connois les délices de ton pays, disoit Brasidas à un Satrape, qui comparoit la vie de Sparte à celle de Persepolis; mais tu ne peux connoître les plaisirs du mien.

Les esclaves perdent tout dans leurs fers jusqu'au désir d'en sortir : ils aiment leur servitude comme les compagnons d'Ulisse aimoit leur abrutissement.

Il est incontestable, & c'est la maxime fondamentale de tout le droit politique que les peuples se sont donné des chefs pour défendre leur liberté, & non pour les asservir. Si nous avons un Prince, disoit Pline à Trajan, c'est afin qu'il nous préserve d'avoir un maître.

Il n'y a que la force de l'état qui fasse la liberté de ses membres.

DÉPENDANCE.

Il y a deux sortes de dépendances. Celle des choses, qui est de la nature; celle des hommes, qui est de la société. La dépendance des choses n'ayant aucune moralité, ne nuit point à la liberté, & n'engendre point de vices : la dépendance des hommes étant désordonnée les engendre tous, & c'est par elle que le maître & l'esclave se dépravent mutuellement. S'il y a quelque moyen de remédier à ce mal dans la société, c'est de substituer la loi à l'homme, & d'armer les volontés générales d'une force réelle supérieure à l'action de toute volonté particuliere. Si les loix des Nations pouvoient avoir comme celles de la Nature une inflexibilité que jamais aucune force humaine ne pût vaincre, la dépendance des hommes redeviendroit alors celle des choses; on réuniroit dans la République tous les avantages de l'Etat naturel à ceux de l'Etat civil; on joindroit à la liberté qui maintient l'homme exempt de vices, la moralité qui l'éleve à la vertu.

LUXE.

Le luxe corrompt tout, & le riche qui en jouit, & le misérable qui le convoite.

Ce n'est pas la force de l'or qui asservit les pauvres aux riches, mais c'est qu'ils veulent s'enchérir à leur tour, sans cela ils seroient nécessairement les maîtres.

La vanité & l'oisiveté, qui ont engendré nos sciences, ont aussi engendré le luxe. Le goût du luxe accompagne toujours celui des lettres; & le goût des lettres accompagne souvent celui du luxe (1).

---

(1) A mesure que le luxe corrompt les mœurs, dit un Auteur moderne, les sciences les adoucissent : semblables aux prieres dans Homere,

Le luxe peut être néceſſaire pour donner du pain aux pauvres ; mais s'il n'y avoit point de luxe, il n'y auroit point de pauvres.

Le luxe nourrit cent pauvres dans nos villes, & en fait périr cent mille dans nos campagnes. L'argent qui circule entre les mains des riches & des artiſtes pour fournir à leur ſuperfluité, eſt perdu pour la ſubſiſtance du laboureur ; & celui-ci n'a point d'habit, préciſément parce qu'il faut du galon aux autres. Le gaſpillage des matieres qui ſervent à la nourriture des hommes, ſuffit ſeul pour rendre le luxe odieux à l'humanité. Il faut du jus dans nos cuiſines ; voilà pourquoi tant de malades

---

qui parcourent toujours la terre à la ſuite de l'injuſtice, pour adoucir les fureurs de cette cruelle divinité.

manquent de bouillon. Il faut des liqueurs sur nos tables ; voilà pourquoi le paysan ne boit que de l'eau. Il faut de la poudre à nos perruques ; voilà pourquoi tant de pauvres n'ont pas de pain.

A ne consulter que l'impression la plus naturelle, il sembleroit que pour dédaigner l'éclat & le luxe on a moins besoin de modération que de goût. La simétrie & la régularité plaisent à tous les yeux. L'image du bien être & de la félicité touche le cœur humain qui en est avide : mais un vain appareil qui ne se rapporte ni à l'ordre ni au bonheur, & n'a pour objet que de frapper les yeux, quelle idée favorable à celui qui l'étale peut-il exciter dans l'esprit du spectateur ? L'idée du goût ? Le goût ne paroît-il pas cent fois mieux dans les choses simples que dans celles qui sont offusquées de richesse ? L'idée de la commodité ? Y a-t-il rien de plus incommode que le faste ? L'idée de la grandeur ? C'est précisément le contraire. Quand je vois qu'on a voulu faire un grand palais, je me demande aussi-tôt pourquoi ce palais n'est pas plus grand ? Pourquoi celui qui a cinquante domestiques n'en a-t-il pas cent ? Cette belle vaisselle d'argent, pourquoi n'est-elle pas d'or ? Cet homme qui dore son carrosse, pourquoi ne dore-t-il pas ses lambris ? Si ses lambris sont dorés, pourquoi son toît ne l'est-il pas ? Celui qui voulut bâtir une haute tour faisoit bien de la vouloir porter jusqu'au Ciel ; autrement il eût eu beau l'élever, le point où il se fût arrêté n'eût servi qu'à donner de plus loin la preuve de son impuissance. O homme petit & vain, montre-moi ton pouvoir, je te montrerai ta misere !

RICHES, RICHESSE.

Tous les Riches comptent l'or avant le mérite. Dans la mise commune de l'argent & des services, ils trouvent toujours que ceux-ci n'acquittent jamais l'autre, & pensent qu'on leur en doit de reste quand on a passé sa vie à les servir en mangeant leur pain.

Les pauvres gémissent sous le joug des riches, & les riches sous le joug des préjugés.

Richesse ne fait point riche, dit le Roman de la Rose. Les biens d'un homme ne sont point dans ses coffres, mais dans l'usage de ce qu'il en tire; car on ne s'approprie les choses qu'on possède que par leur emploi, & les abus sont toujours plus inépuisables que les richesses ; ce qui fait qu'on ne jouit pas à proportion de sa dépense, mais à proportion qu'on la sçait mieux ordonner. Un fou peut jetter des lingots dans la mer & dire qu'il en a joui : mais quelle comparaison entre cette extravagante jouissance, & celle qu'un homme sage eût sçu tirer d'une moindre somme ?

Il n'y a point de richesse absolue. Ce mot ne signifie qu'un rapport de surabondance entre les désirs & les facultés de l'homme riche. Tel est riche avec un arpent de terre ; tel est gueux au milieu de ses monceaux d'or. Le désordre & les fantaisies n'ont point de bornes, & font plus de pauvres que les vrais besoins.

MENDIANS.

Nourrir les Mendians, c'est contribuer à multiplier les Gueux & les Vagabonds qui se plaisent à ce lâche métier, & se rendant à charge à la société, la privent encore du travail qu'ils y pourroient faire. Voilà les maximes dont de complaisans raisonneurs aiment à flatter la dureté des riches.

On souffre & l'on entretient à grands frais des multitudes de professions inutiles dont plusieurs ne servent qu'à corrompre & gâter les mœurs. A ne regarder l'état de Mendiant que comme un métier, loin qu'on en ait rien de pareil à craindre, on n'y trouve que de quoi nourrir en nous les sentimens d'intérêt & d'humanité qui devroient unir tous les hommes. Si l'on veut le consi-

dérer

dérer par le talent, pourquoi ne récompenserois-je pas l'éloquence de ce Mendiant qui me remue le cœur & me porte à le secourir, comme je paye un Comédien qui me fait verser quelques larmes stériles ? Si l'un me fait aimer les bonnes actions d'autrui, l'autre me porte à en faire moi-même : tout ce qu'on sent à la Tragédie s'oublie à l'instant qu'on en sort ; mais la mémoire des malheureux qu'on a soulagés donne un plaisir qui renaît sans cesse. Si le grand nombre des Mendians est onéreux à l'Etat, de combien d'autres professions qu'on encourage & qu'on tolere n'en peut-on pas dire autant ? C'est au Souverain de faire ensorte qu'il n'y ait point de Mendians : mais pour les rebuter de leur profession faut-il rendre les Citoyens inhumains & dénaturés ? Pour moi, sans sçavoir ce que les pauvres sont à l'Etat, je sçais qu'ils sont tous mes freres, & que je ne puis sans une inexcusable dureté leur refuser le foible secours qu'ils me demandent. La plûpart sont des vagabonds, j'en conviens; mais je connois trop les peines de la vie pour ignorer par combien de malheurs un honnête homme peut se trouver réduit à leur sort; & comment puis-je être sûre que l'inconnu qui vient implorer au nom de Dieu mon assistance, & mendier un pauvre morceau de pain, n'est pas, peut-être, cet honnête homme prêt à périr de misere, & que mon refus va réduire au désespoir? Quand l'aumône qu'on leur donne ne seroit pour eux un secours réel, c'est au moins un témoignage qu'on prend part à leur peine, un adoucissement à la dureté du refus, une sorte de salutation qu'on leur rend. Une petite monnoie ou un morceau de pain ne coutent guères plus à donner & sont une réponse plus honnête qu'un, *Dieu vous affiste*; comme si les dons de Dieu n'étoient pas dans la main des hommes, & qu'il eût d'autres greniers sur la terre que les magasins des riches ? Enfin, quoiqu'on puisse penser de ces infortunés, si l'on ne doit rien au gueux qui mendie, au moins se doit-on à soi-même de rendre honneur à l'humanité souffrante ou à son image, & de ne point s'endurcir le cœur à l'aspect de ses miseres.

Nourrir les mendians, c'est, disent les détracteurs de l'aumône, former des pépinieres de voleurs; & tout au contraire, c'est empêcher qu'ils ne le deviennent. Je conviens qu'il ne faut pas encourager les pauvres à se faire mendians; mais quand une fois ils le sont, il faut les nourrir, de peur qu'ils ne se fassent voleurs. Rien n'engage tant à changer de profession que de ne pouvoir vivre dans la sienne : or tous ceux qui ont une fois goûté de ce métier oiseux prennent tellement le travail en aversion qu'ils aiment mieux voler & se faire pendre, que de reprendre l'usage de leurs bras. Un liard est bien-tôt demandé & refusé; mais vingt liards auroient payé le souper d'un pauvre, que vingt refus peuvent impatienter. Qui est-ce qui voudroit jamais refuser une si légere aumône s'il songeoit qu'elle pût sauver deux hommes, l'un d'un crime & l'autre de la mort? J'ai lû quelque part que les mendians sont une vermine qui s'attache aux riches. Il est naturel que les enfans s'attachent aux peres; mais ces peres opulens & durs les méconnoissent & laissent aux pauvres le soin de les nourrir.

SUICIDE.

Tu veux cesser de vivre; mais je voudrois bien sçavoir si tu as commencé. Quoi ! fus-tu placé sur la terre pour n'y rien faire ? Le Ciel ne t'impose-t-il point avec la vie une tâche pour la remplir ? Si tu as fait ta journée avant le soir, repose-toi le reste du jour, tu le peux ; mais voyons ton ouvrage. Quelle réponse tiens-tu prête au Juge suprême qui demandera compte de ton tems ? Malheureux ! trouve-moi ce juste qui se vante d'avoir assez vécu ; que j'apprenne de lui comment il faut avoir porté la vie pour être en droit de la quitter.

Tu comptes les maux de l'humanité, & tu dis la vie est un mal. Mais regarde, cherche dans l'ordre des choses si tu y trouves quelques biens qui ne soient point mêlés de maux. Est-ce donc à dire qu'il n'y ait aucun bien dans l'univers, & peux-tu confondre ce qui est mal par sa nature avec ce qui ne souffre le mal que par accident ? La vie passive de l'homme n'est rien, & ne regarde qu'un corps dont il sera bientôt délivré; mais sa vie active & morale qui doit influer sur tout son être, consiste dans l'exercice de sa volonté. La vie est un mal pour le méchant qui prospere, & un bien pour l'honnête homme infortuné : car ce n'est pas une modification passagere, mais son rapport avec son objet qui la rend bonne ou mauvaise.

Tu t'ennuis de vivre, & tu dis, la vie est un mal. Tôt ou tard tu seras consolé, & tu diras, la vie est un bien. Tu diras plus vrai, sans mieux raisonner : car rien n'aura changé que toi,

Change donc dès aujourd'hui, & puisque c'est dans la mauvaise disposition de ton ame qu'est tout le mal, corrige tes affections déréglées, & ne brûle pas ta maison pour n'avoir pas la peine de la ranger.

Que sont dix, vingt, trente ans pour un Être immortel ? La peine & le plaisir passent comme une ombre ; la vie s'écoule en un instant ; elle n'est rien par elle-même, son prix dépend de son emploi. Le bien seul qu'on a fait demeure, & c'est par lui qu'elle est quelque chose. Ne dis donc plus que c'est un mal pour toi de vivre, puisqu'il dépend de toi seul que ce soit un bien, & que si c'est un mal d'avoir vécu, c'est une raison de plus pour vivre encore. Ne dis pas non plus, qu'il t'est permis de mourir ; car autant vaudroit dire qu'il t'est permis de n'être pas homme, qu'il t'est permis de te révolter contre l'Auteur de ton être, & de tromper ta destination.

Le Suicide est une mort furtive & honteuse. C'est un vol fait au genre humain. Avant de le quitter, rends-lui ce qu'il a fait pour toi. Mais je ne tiens à rien. Je suis inutile au monde. Philosophe d'un jour ! ignores-tu que tu ne sçaurois faire un pas sur la terre sans trouver quelque devoir à remplir, & que tout homme est utile à l'humanité, par cela seul qu'il existe ?

Jeune insensé ! s'il te reste au fond du cœur le moindre sentiment de vertu, viens, que je t'apprenne à aimer la vie. Chaque fois que tu seras tenté d'en sortir, dis en toi-même : *que je fasse encore une bonne action avant que de mourir :* puis va chercher quelque indigent à secourir, quelque infortuné à consoler, quelque opprimé à défendre. Si cette considération te retient aujourd'hui elle te retiendra encore demain, après-demain, toute la vie. Si elle ne te retient pas ; meurs, tu n'es qu'un méchant.

DUEL.

Gardez-vous de confondre le nom sacré de l'honneur avec ce préjugé féroce qui met toutes les vertus à la pointe d'une épée, & n'est propre qu'à faire de braves scélérats.

En quoi consiste ce préjugé ? Dans l'opinion la plus extravagante & la plus barbare qui jamais entra dans l'esprit humain, savoir, que tous les devoirs de la société sont suppléés par la bravoure ; qu'un homme n'est plus fourbe, fripon, calomniateur, qu'il est civil, humain, poli, quand il sçait se battre ; que le mensonge se change en vérité, que le vol devient légitime, la perfidie honnête, l'infidélité louable, sitôt qu'on soutien tout cela le fer à la main; qu'un affront est toujours bien réparé par un coup d'épée; & qu'on n'a jamais tort avec un homme, pourvu qu'on le tue. Il y a, je l'avoue, une autre sorte d'affaire où la gentillesse se mêle à la cruauté, & où l'on ne tue les gens que par hasard; c'est celle où l'on se bat au premier sang. Au premier sang! Grand Dieu! Et qu'en veux-tu faire de ce sang bête féroce! Le veux-tu boire?

Les plus vaillans hommes de l'antiquité songerent-ils jamais à venger leurs injures personnelles par des combats particuliers? César envoya-t-il un cartel à Caton, ou Pompée à César, pour tant d'affronts réciproques, & le plus grand Capitaine de la Grece fut-il déshonoré pour s'être laissé menacer d'un bâton ? D'autres tems, d'autres mœurs, je le sçais ; mais n'y en a-t-il que de bonnes, & n'oseroit-on s'en quérir si les mœurs d'un tems sont celles qu'exige le solide honneur ? Non cet honneur n'est point variable, il ne dépend ni des préjugés, il ne peut ni passer ni renaître, il a sa source éternelle dans le cœur de l'homme juste & dans la régle inaltérable de ses devoirs. Si les peuples les plus éclairés, les plus braves, les plus vertueux de la terre n'ont point connu le Duel, je dis qu'il n'est point une institution de l'honneur, mais une mode affreuse & barbare digne de sa féroce origine. Reste à sçavoir si, quand il s'agit de sa vie ou de celle d'autrui, l'honnête homme se regle sur la mode, & s'il n'y a pas alors plus de vrai courage à la braver qu'à la suivre ? Que feroit celui qui s'y veut asservir, dans des lieux où règne un usage contraire ? A Messine ou à Naples, il iroit attendre son homme au coin d'une rue & le poignarder par derriere. Cela s'appelle être brave en ce pays-là, & l'honneur n'y consiste pas à se faire tuer par son ennemi, mais à le tuer lui-même.

L'homme droit dont toute la vie est sans tache, & qui ne donna jamais aucun signe de lâcheté, refusera de souiller sa main d'un homicide & n'en sera que plus honoré. Toujours prêt à servir la patrie, à protéger le foible, à remplir les devoirs les plus dangéreux, & à défendre, en toute rencontre juste & honnête ce qui lui est cher au prix de son sang, il met dans ses démarches cette inébranlable fermeté qu'on n'a point sans le vrai courage. Dans la sécurité de sa conscience, il marche la tête levée, il ne fuit ni ne cherche son ennemi. On voit aisément qu'il craint moins de mourir que de mal faire, & qu'il redoute le crime & non le péril. Si les vils préjugés s'élevent un instant contre lui, tous les jours de son honorable vie sont autant de témoins qui les récusent, & dans une conduite si bien liée on juge d'une action sur toutes les autres.

Les hommes si ombrageux & si prompts à provoquer les autres sont, pour la plûpart, de très-mal-honnêtes gens qui, de peur qu'on n'ose leur montrer ouvertement le mépris qu'on a pour eux, s'efforcent de couvrir de quelques affaires d'honneur l'infamie de leur vie entiere.

Tel fait un effort & se présente une fois pour avoir droit de se cacher le reste de sa vie. Le vrai courage a plus de constance & moins d'empressement; il est toujours ce qu'il doit être, il ne faut ni l'exciter ni le retenir : l'homme de bien le porte par-tout avec lui ; au combat contre l'ennemi ; dans un cercle en faveur des abſens & de la vérité ; dans ſon lit contre les attaques de la douleur & de la mort. La force de l'ame qui l'inſpire eſt d'uſage dans tous les tems ; elle met toujours la vertu au-deſſus des événemens, & ne conſiſte pas à ſe battre, mais à ne rien craindre.

EXCÉS DU VIN.

TOUTE intempérance eſt vicieuſe, & ſur-tout celle qui nous ôte la plus noble de nos facultés. L'excès du vin dégrade l'homme, aliéne au moins ſa raiſon pour un tems & l'abrutit à la longue. Mais enfin, le goût du vin n'eſt pas un crime, il en fait rarement commettre, il rend l'homme ſtupide & non pas méchant. Pour une querelle paſſagere qu'il cauſe, il forme cent attachemens durables. Généralement parlant, les bûveurs ont de la cordialité, de la franchiſe; ils ſont preſque tous bons, droits, juſtes, fidéles, braves & honnêtes gens, à leur défaut près.

Combien de vertus apparentes cachent ſouvent des vices réels! Le ſage eſt ſobre par tempérance, le fourbe l'eſt par fauſſeté. Dans le pays de mauvaiſes mœurs, d'intrigues, de trahiſons, d'adulteres, on redoute un état d'indiſcrétion où le cœur ſe montre ſans qu'on y ſonge. Par-tout les gens qui abhorrent le plus l'yvreſſe ſont ceux qui ont le plus d'intérêt à s'en garantir. En Suiſſe elle eſt preſque en eſtime, à Naples elle eſt en horreur; mais au fond laquelle eſt le plus à craindre, de l'intempérance du Suiſſe ou de la réſerve de l'Italien.

Ne calomnions point le vice même; n'a-t-il pas assez de sa laideur? Le vin ne donne pas de la méchanceté, il la décèle. Celui qui tua Clitus dans l'yvresse fit mourir Philotas de sang froid. Si l'yvresse a ses fureurs, quelle passion n'a pas les siennes? La différence est que les autres restent au fond de l'ame & que celle-là s'allume & s'éteint à l'instant. A cet emportement près, qui passe & qu'on évite aisément, soyons sûrs que quiconque fait dans le vin de méchantes actions, couve à jeun de méchans desseins.

MALADIES.

L'EXTRÊME inégalité dans la maniere de vivre; l'excès d'oisiveté dans les uns, l'excès de travail dans les autres; la facilité d'irriter & de satisfaire nos appétits & notre sensualité; les alimens trop recherchés des riches, qui les nourrissent de sucs échauffans, & les accablent d'indigestions; la mauvaise nourriture des pauvres, dont ils manquent même le plus souvent, & dont le défaut les porte à surcharger avidemment leur estomac dans l'occasion; les veilles, les excès de toute espéce; les transports immodérés de toutes les passions, les fatigues & l'épuisement d'esprit, les chagrins & les peines sans nombre qu'on éprouve dans tous les états, & dont les ames sont perpétuellement rongées ; voilà les funestes garans que la plûpart de nos maux sont notre propre ouvrage, & que nous les aurions presque tous évités en conservant la maniere de vivre simple, uniforme & solitaire, qui nous étoit prescrite par la nature. Si elle nous a destiné à être sains, j'ose presque assurer que l'état de réflexion est un état contre nature, & que l'homme qui médite est un animal dépravé.

MÉDECINE, MÉDECINS.

Un corps débile affoiblit l'ame. De-là l'empire de la Médecine, Art plus pernicieux aux hommes que tous les maux qu'il prétend guérir. Je ne sçais pour moi, de quelle maladie nous guérissent les Médecins, mais je sçais qu'ils nous en donnent de bien funestes ; la lâcheté, la pusillanimité, la crédulité, la terreur de la mort : s'ils guérissent le corps, ils tuent le courage. Que nous importe qu'ils fassent marcher des cadavres ? Ce sont des hommes qu'il nous faut, & l'on n'en voit point sortir de leurs mains.

La Médecine est à la mode parmi nous ; elle doit l'être. C'est l'amusement des gens oisifs & désœuvrés, qui ne sçachant que faire de leur tems le passent à se conserver. S'ils avoient eu le malheur de naître immortels, ils seroient les plus misérables des êtres. Une vie qu'ils n'auroient jamais peur de perdre ne seroit pour eux d'aucun prix. Il faut à ces gens là des Médecins qui les menacent pour les flatter, & qui leur donnent chaque jour le seul plaisir dont ils soient susceptibles ; celui de n'être pas morts.

Les hommes font sur l'usage de la Médecine les mêmes sophismes que sur la recherche de la vérité. Ils supposent toujours qu'en traitant un malade on le guérit, & qu'en cherchant une vérité on la trouve : ils ne voient pas qu'il faut balancer l'avantage d'une guérison que le Médecin opere, par la mort de cent malades qu'il a tués, & l'utilité d'une vérité découverte, par le tort que font les erreurs qui passent en même-tems. La Science qui instruit & la

Médecine qui guérit font fort bonnes fans doute ; mais la fcience qui trompe & la Médecine qui tue font mauvaifes. Apprenez-nous donc à les diftinguer. Voilà le nœud de la queftion : fi nous fçavions ignorer la vérité, nous ne ferions jamais les dupes du menfonge ; fi nous fçavions ne vouloir pas guérir malgré la nature, nous ne mourrions jamais par la main du Médecin. Ces deux abftinences feroient fages ; on gagneroit évidemment à s'y foumettre. Je ne difpute donc pas que la Médecine ne foit utile à quelques hommes, mais je dis qu'elle eft funefte au genre humain.

On me dira, comme on fait fans ceffe, que les fautes font du Médecin, mais que la Médecine en elle-même eft infaillible. A la bonne heure ; mais qu'elle vienne donc fans le Médecin ; car tant qu'ils viendront enfemble, il y aura cent fois plus à craindre des erreurs de l'Artiste, qu'à espérer du secours de l'Art.

Cet Art mensonger, plus fait pour les maux de l'esprit que pour ceux du corps, n'est pas plus utile aux uns qu'aux autres : il nous guérit moins de nos maladies qu'il ne nous en imprime l'effroi. Il recule moins la mort qu'il ne la fait sentir d'avance ; il use la vie au lieu de la prolonger : & quand il la prolongeroit, ce seroit encore au préjudice de l'espéce ; puisqu'il nous ôte à la société par les soins qu'il nous impose, & à nos devoirs par les frayeurs qu'il nous donne. C'est la connoissance des dangers qui nous les fait craindre : celui qui se croiroit invulnérable n'auroit peur de rien. A force d'armer Achille contre le péril, le Poëte lui ôte le mérite de la valeur : tout autre à sa place eût été un Achille au même prix.

Voulez-vous trouver des hommes d'un vrai courage ? Cherchez-les dans les lieux où il n'y a point de Médecins, où l'on ignore les conséquences des maladies, & où l'on ne songe guères à la mort. Naturellement l'homme sçait souffrir constamment, & meurt en paix. Ce sont les Médecins avec leurs ordonnances, les Philosophes avec leurs préceptes, les Prêtres avec leurs exhortations, qui l'avilissent de cœur & lui font désaprendre à mourir.

La seule partie utile de la Médecine est l'hygiene. Encore l'hygiene est-elle moins une science qu'une vertu. La tempérance & le travail sont les deux vrais Médecins de l'homme : le travail aiguise son appétit, & la tempérance l'empêche d'en abuser.

Vis selon la nature, sois patient, & chasse les Médecins : tu n'éviteras pas la mort, mais tu ne la sentiras qu'une fois, tandis qu'ils la portent chaque jour dans ton imagination troublée, & que leur Art menſonger, au lieu de prolonger tes jours, t'en ôte la jouiſſance. Je demanderai toujours quel vrai bien cet Art a fait aux hommes? Quelques-uns de ceux qu'il guérit mourroient, il eſt vrai; mais des millions qu'il tue reſteroient en vie. Homme ſenſé, ne mets point à cette loterie où trop de chances ſont contre toi. Souffre, meurs ou guéris; mais ſur-tout vis juſqu'à ta derniere heure.

MORT.

MORT.

Si nous étions immortels, nous serions des êtres très-misérables. Il est dur de mourir ; mais il est doux d'espérer qu'on ne vivra pas toujours, & qu'une meilleure vie finira les peines de celle-ci.

Si l'on nous offroit l'immortalité sur la terre, qui est-ce qui voudroit accepter ce triste présent ? Quelle ressource, quel espoir, quelle consolation nous resteroit-il contre les rigueurs du sort & contre les injustices des hommes ? L'ignorant, qui ne prévoit rien, sent peu le prix de la vie & craint peu de la perdre ; l'homme éclairé voit des biens d'un plus grand prix qu'il préfere à celui-là. Il n'y a que le demi-savoir & la fausse sagesse qui prolongeant nos vues jufqu'à la mort, & pas au-delà, en font pour nous le pire des maux. La néceffité de mourir n'eft à l'homme fage qu'une raifon pour fupporter les peines de la vie. Si l'on n'étoit pas fûr de la perdre une fois, elle couteroit trop à conferver.

On croit que l'homme a un vif amour pour fa confervation, & cela eft vrai; mais on ne voit pas que cet amour, tel que nous le fentons, eft en grande partie l'ouvrage des hommes. Naturellement l'homme ne s'inquiete pour fe conferver qu'autant que les moyens font en fon pouvoir; fi-tôt que ces moyens lui échappent, il fe tranquillife & meurt fans fe tourmenter inutilement. La premiere loi de la réfignation nous vient de la nature. Les Sauvages, ainfi que les Bêtes, fe débattent fort peu contre la mort, & l'endurent prefque fans fe plaindre. Cette loi détruite, il s'enforme une autre qui vient de la raison; mais peu sçavent l'en tirer, & cette résignation factice n'est jamais aussi pleine & entiere que la premiere.

Vivre libre & peu tenir aux choses humaines, est le meilleur moyen d'apprendre à mourir.

Quand on a gâté sa constitution par une vie déréglée, on la veut rétablir par des remédes; au mal qu'on sent on ajoute celui qu'on craint; la prévoyance de la mort la rend horrible & l'accélere; plus on la veut fuir, plus on la sent; & l'on meurt de frayeur durant toute sa vie, en murmurant, contre la nature, des maux qu'on s'est faits en l'offensant.

ÉTUDE.

QUAND on a une fois l'entendement ouvert par l'habitude de réfléchir, il vaut toujours mieux trouver de soi-même les choses qu'on trouveroit dans les livres : c'est le vrai secret de les bien mouler à sa tête & de se les approprier.

La grande erreur de ceux qui étudient est de se fier trop à leurs livres & de ne pas tirer assez de leur fond; sans songer que de tous les Sophistes, notre propre raison est presque toujours celui qui nous abuse le moins. Si-tôt qu'on veut rentrer en soi-même, chacun sent ce qui est bien, chacun discerne ce qui est beau; nous n'avons pas besoin qu'on nous apprenne à connoître ni l'un ni l'autre, & l'on ne s'en impose là-dessus qu'autant qu'on s'en veut imposer. Mais les exemples du très-bon & du très-beau sont plus rares & moins connus, il les faut aller chercher loin de nous. La vanité, mesurant les forces de la nature sur notre foiblesse, nous fait regarder comme chimériques les qualités que nous ne sentons pas en nous-mêmes; la paresse & le vice s'appuyent sur cette prétendue impossibilité, & ce qu'on ne voit pas tous les jours l'homme foible prétend qu'on ne le voit jamais. C'est cette erreur qu'il faut détruire. Ce sont ces grands objets qu'il faut s'accoutumer à sentir & à voir, afin de s'ôter tout prétexte de ne les pas imiter. L'ame s'éleve, le cœur s'enflamme à la contemplation de ces divins modéles; à force de les considérer, on cherche à leur devenir semblable, & l'on ne souffre plus rien de médiocre sans un dégoût mortel.

ÉTUDE DU MONDE.

L'ETUDE du monde est remplie de difficultés, & il est difficile de sçavoir quelle place il faut occuper pour le bien connoître. Le Philosophe en est trop loin, l'Homme du monde en est trop près. L'un voit trop pour pouvoir réfléchir, l'autre trop peu pour juger du tableau total. Chaque objet qui frappe le Philosophe, il le considere à part, & n'en pouvant discerner ni les liaisons ni les rapports avec d'autres objets qui sont hors de sa portée, il ne le voit jamais à sa place & n'en sent ni la raison ni les vrais effets. L'homme du monde voit tout, & n'a le tems de penser à rien. La mobilité des objets ne lui permet que de les appercevoir & non de les observer;

ils s'effacent mutuellement avec rapidité, & il ne lui reste du tout que des impressions confuses qui ressemblent au cahos.

On ne peut pas, non plus, voir & méditer alternativement, parce que le spectacle exige une continuité d'attention, qui interrompt la réflexion. Un homme qui voudroit diviser son tems par intervalles entre le monde & la solitude, toujours agité dans sa retraite & toujours étranger dans le monde, ne seroit bien nulle part. Il n'y auroit d'autre moyen que de partager sa vie entiere en deux grands espaces, l'une pour voir, l'autre pour réfléchir : mais cela même est presque impossible ; car la raison n'est pas un meuble qu'on pose & qu'on reprenne à son gré, & quiconque a pu vivre dix ans sans penser, ne pensera de sa vie.

C'est encore une folie de vouloir

étudier le monde en simple spectateur. Celui qui ne prétend qu'observer n'observe rien, parce qu'étant inutile dans les affaires & importun dans les plaisirs, il n'est admis nulle part. On ne voit agir les autres qu'autant qu'on agit soi-même ; dans l'école du monde comme dans celle de l'amour, il faut commencer par pratiquer ce qu'on veut apprendre.

ÉTUDE DES SCIENCES.

PARMI tant d'admirables méthodes pour abréger l'étude des Sciences, nous aurions grand besoin que quelqu'un nous en donnât une pour les apprendre avec effort.

Plus nos outils sont ingénieux, plus nos organes deviennent grossiers & mal-à-droits: à force de rassembler des machines autour de nous, nous n'en trouvons plus en nous mêmes.

SCIENCES ET ARTS.

L'ESPRIT a ses besoins ainsi que le corps. Ceux-ci sont les fondemens de la société, les autres en font l'agrément.

Le besoin éleva les trônes ; les Sciences & les arts les ont affermis.

Puissances de la terre, aimez les talens, & protégez ceux qui les cultivent. Peuples policés, cultivez-les; heureux esclaves, vous leur devez ce goût délicat & fin dont vous vous piquez, cette douceur de caractère & cette urbanité de mœurs qui rendent parmi vous le commerce si liant & si facile, en un mot les apparences de toutes les vertus sans en avoir aucune.

Il y a des ames lâches & pusillanimes qu'n'ont ni feu, ni chaleur, & qui ne sont douces que par indifférence pour le bien & pour le mal. Telle est la douceur qu'inspire aux peuples le goût des lettres.

Plus l'intérieur se corrompt, & plus l'extérieur se compose : c'est ainsi que la culture des lettres engendre insensiblement la politesse.

Que de dangers ! que de fausses routes dans l'investigation des Sciences ! par combien d'erreurs mille fois plus dangereuses que la vérité n'est utile, ne faut-il point passer pour arriver à elles ? Le désavantage est visible ; car le faux est susceptible d'une infinité de combinaisons ; mais la vérité n'a qu'une maniere d'être.

C'est un grand mal, que l'abus du tems. D'autres maux pires encore suivent les Lettres & les Arts. Tel est le luxe : né comme eux de l'oisiveté & de la vanité des hommes, le luxe va rarement sans les Sciences & les Arts, & jamais ils ne vont sans lui.

Quand les hommes innocents & vertueux aimoient à avoir les Dieux pour témoins de leurs actions, ils habitoient ensemble sous les mêmes cabanes ; mais bientôt devenus méchans, ils se lasserent de ces incommodes spectateurs, & les releguèrent dans des temples magnifiques. Ils les en chasserent enfin pour s'y établir eux-mêmes, ou du moins les temples des Dieux ne se distinguèrent plus des maisons des Citoyens. Ce fut alors le comble de la dépravation ; & les vices ne furent jamais poussés plus loin que quand on les vit, pour ainsi dire, soutenus à l'entrée des palais des Grands sur des colonnes de marbres, & gravés sur des chapiteaux corinthiens.

O, Fabricius ! qu'eût pensé votre grande ame, si, pour votre malheur,

rappellé à la vie, vous eussiez vû la face pompeuse de cette Rome sauvée par votre bras, & que votre nom respectable avoit plus illustrée que toutes ses conquêtes ? « Dieux ! eussiez-vous dit,
» que sont devenus ces toîts de chau-
» me & ces foyers rustiques qu'habi-
» toient jadis la modération & la vertu ?
» Quelle splendeur funeste a succédé à
» la simplicité Romaine ? Quel est ce
» langage étranger ? Quelles sont ces
» mœurs efféminées ? Que signifient ces
» statues, ces tableaux, ces édifices ?
» Insensés, qu'avez-vous fait ? Vous,
» les maîtres des Nations, vous vous
» êtes rendus les esclaves des hommes
» frivoles que vous avez vaincus ! Ce
» sont des Rhéteurs qui vous gouver-
« nent ! c'est pour enrichir des Archi-
» tectes, des Peintres, des statuaires &
» des histrions, que vous avez arrosé
» de votre sang la Gréce & l'Asie ! les

» dépouilles de Carthage font la proie
» d'un joueur de flute ! Romains, hâ-
» tez-vous de renverser ces amphithéâ-
» tres; brisez ces marbres, brûlez ces
» tableaux, chassez ces esclaves qui
» vous subjuguent, & dont les funestes
» arts vous corrompent. Que d'autres
» mains s'illustrent par de vains talens :
» le seul talent digne de Rome est celui
» de conquérir le monde & d'y faire
» régner la vertu. Quand Cynéas
» prit notre Sénat pour une assemblée
» de Rois, il ne fut ébloui, ni par une
» pompe vaine, ni par une élégance
» recherchée. Il n'y entendit point cette
» éloquence frivole, l'étude & le char-
» me des hommes futiles. Que vit donc
» Cynéas de si majestueux ? O citoyens !
» il vit un spectacle que ne donneront
» jamais vos richesses ni tous vos arts; le
» plus beau spectacle qui ait jamais paru
» sous le Ciel, l'assemblée de deux cens
» hommes vertueux, dignes de comman-

» der à Rome, & de gouverner la terre. «

Le goût des lettres & des beaux Arts anéantit l'amour de nos premiers devoirs & de la véritable gloire. Quand une fois les talens ont envahi les honneurs dûs à la vertu, chacun veut être un homme agréable, & nul ne se soucie d'être un homme de bien. De-là naît encore cette autre inconséquence, qu'on ne récompense dans les hommes que les qualités qui ne dépendent pas d'eux : car nos talens naissent avec nous, nos vertus seules nous appartiennent.

Le goût de la philosophie relâche tous les liens d'estime & de bienveillance, qui attachent les hommes à la société ; & c'est peut-être le plus dangereux des maux qu'elle engendre. Le charme de l'étude rend bientôt insipide tout autre attachement. De plus, à force de réfléchir sur l'humanité, à force d'observer les hommes, le philosophe apprend à les aprécier selon leur valeur; & il est difficile d'avoir bien de l'affection pour ce qu'on méprise. Bientôt il réunit en sa personne tout l'intérêt que les hommes vertueux partagent avec leurs semblables : son mépris pour les autres tourne au profit de son orgueil; son amour propre augmente en même proportion que son indifférence pour le reste de l'univers. La famille, la patrie, deviennent pour lui des mots vuides de sens : il n'est ni parent, ni citoyen, ni homme; il est philosophe.

En même tems que la culture des Sciences retire en quelque sorte de la presse le cœur du philosophe, elle y engage en un autre sens celui de l'homme de lettres, & toujours avec un égal préjudice pour la vertu. Tout homme qui s'occupe des talens agréables veut plaire, être admiré ; & il veut être admiré plus qu'un autre. Les applaudiffemens publics appartiennent à lui feul : je dirois qu'il fait tout pour les obtenir, s'il ne faifoit encore plus pour en priver fes concurrens. De-là naiffent d'un côté, les rafinemens du goût & de la politeffe, vile & baffe flatterie, foins féducteurs, infidieux, puériles, qui, à la longue, rappettiffent l'ame, & corrompent le cœur ; & de l'autre les jaloufies, les rivalités, les haines d'artiftes fi renommées, la perfide calomnie, la fourberie, la trahifon, & tout ce que le vice a de plus lâche & de plus odieux. Si le Philofophe méprife les hommes, l'artifte s'en fait bientôt méprifer, & tous d'eux concourent enfin à les rendre méprifables.

La Science n'eft point faite pour l'homme en général. Il s'égare fans ceffe dans fa recherche ; & s'il l'obtient quelquefois, ce n'eft prefque jamais qu'à fon préjudice. Il eft né pour agir &

penser, & non pour réfléchir. La réflexion ne sert qu'à le rendre malheureux, sans le rendre meilleur ni plus sage : elle lui fait regretter les biens passés, & l'empêche de jouir du présent : elle lui présente l'avenir heureux pour le séduire par l'imagination, & le tourmenter par les désirs ; & l'avenir malheureux pour le lui faire sentir d'avance. L'étude corrompt ses mœurs, altere sa santé, détruit son tempérament, & gâte souvent sa raison : si elle lui apprenoit quelque chose, je le trouverois encore fort mal dédommagé.

J'avoue qu'il y a quelques génies sublimes qui sçavent pénétrer à travers des voiles dont la vérité s'enveloppe, quelques ames privilégiées, capables de résister à la bétise de la vanité, à la base jalousie & aux autres passions qu'engendre le goût des lettres. Le petit nombre de ceux qui ont le bonheur de réunir ces qualités, est la lumiere & l'honneur du genre humain ; c'est à eux seuls qu'il convient pour le bien de tous, de s'exercer à l'étude ; & cette exception même confirme la régle : car si tous les hommes étoient des Socrate, la Science alors ne leur seroit pas nuisible ; mais ils n'auroient aucun besoin d'elle.

Les mêmes causes qui ont corrompu les peuples, servent quelquefois à prévenir une plus grande corruption : c'est ainsi que celui, qui s'est gâté le tempérament par un usage indiscret de la Médecine, est forcé de recourir encore aux Médecins pour se conserver en vie ; & c'est ainsi que les Arts & les Sciences, après avoir fait éclore les vices, sont nécessaires pour les empêcher de se tourner en crimes ; ils les couvrent au moins d'un vernis qui ne permet pas au poison de s'exhaler aussi librement. Elles détruisent la vertu, mais elles en laissent le simulacre public, qui est toujours une belle chose. Elles introduisent à sa place la politesse & les bienséances ; à la crainte de paroître méchant, elles substituent celle de paroître ridicule.

TALENT.

LA Nature semble avoir partagé des Talens divers aux hommes pour leur donner à chacun leur emploi, sans égard à la condition dans laquelle ils sont nés.

Il y a deux choses à considérer avant le Talent ; sçavoir, les mœurs & la félicité. L'homme est un être trop noble pour devoir servir simplement d'instrument à d'autres ; & l'on ne doit point l'employer à ce qui leur convient sans consulter aussi ce qui lui convient à lui-même ; car les hommes ne sont pas faits pour les places, mais les places sont faites pour eux ; & pour distribuer convenablement les choses, il ne faut pas tant chercher dans leur partage l'emploi auquel chaque homme est le plus propre, que celui qui est le plus propre à chaque homme, pour le rendre bon & heureux autant qu'il est possible. Il n'est jamais permis de détériorer une ame humaine pour l'avantage des autres, ni de faire un scélérat pour le service des honnêtes gens.

Pour suivre son Talent il faut le connoître. Est-ce une chose aisée de discerner toujours les Talens des hommes, & à l'âge où l'on prend un parti si l'on a tant de peine à bien connoître ceux des enfans qu'on a le mieux observés, comment celui dont l'éducation aura été négligée, sçaura-t-il de lui-même distinguer les siens ? Rien n'est plus équivoque que les signes d'inclination qu'on donne dès l'enfance ; l'esprit imitateur y a souvent plus de part que le Talent; ils dépendent plutôt d'une rencontre fortuite que d'un penchant décidé, & le penchant même n'annonce pas toujours la disposition.

Le vrai Talent, le vrai génie a une certaine simplicité qui le rend moins inquiet, moins remuant, moins prompt à se montrer qu'un apparent & faux Talent qu'on prend pour véritable, & qui n'est qu'une vaine ardeur de briller, sans moyens pour y réussir. Tel entend un tambour & veut être un général; un autre voit bâtir & se croit Architecte.

On n'a des Talens que pour s'élever, personne n'en a pour descendre; est-ce bien-là l'ordre de la Nature?

Quand chacun connoîtroit son Talent, & voudroit le suivre, combien le pourroient? Combien surmonteroient d'injustes obstacles? Combien vaincroient d'indignes concurrens ? Celui qui sent sa foiblesse appelle à son secours le manége & la brigue, que l'autre plus sûr de lui dédaigne.

Tant d'établissemens en faveur des arts ne font que leur nuire. En multipliant indiscrettement les sujets, on les confond ; le vrai mérite reste étouffé dans la foule, & les honneurs dûs au plus habile sont tous pour le plus intriguant.

S'il existoit une société où les emplois & les rangs fussent exactement mesurés sur les Talens & le mérite personnel, chacun pourroit aspirer à la place qu'il sçauroit le mieux remplir ; mais il faut se conduire par des régles plus sûres & renoncer au prix des Talens, quand le plus vil de tous est le seul qui méne à la fortune.

Il est difficile de croire que tous les Talens divers doivent être développés ;

car il faudroit pour cela que le nombre de ceux qui les possédent fût exactement proportionné aux besoins de la société ; & si l'on ne laissoit au travail de la terre que ceux qui ont éminemment le Talent de l'Agriculture, ou qu'on enlevât à ce travail tous ceux qui sont plus propres à un autre, il ne resteroit pas assez de laboureurs pour la cultiver & nous faire vivre.

Les Talens des hommes sont comme les vertus des drogues que la nature nous donne pour guérir nos maux, quoique son intention soit que nous n'en ayons pas besoin. Il y a des plantes qui nous empoisonnent, des animaux qui nous dévorent, des Talens qui nous sont pernicieux. S'il falloit toujours employer chaque chose selon ses principales propriétés, peut-être feroit-on moins de bien que de mal aux hommes.

Les peuples bons & simples n'ont pas
besoin

besoin de tant de Talens ; ils se soutiennent mieux par leur simplicité que les autres par toute leur industrie. Mais à mesure qu'ils se corrompent, leurs Talens se développent comme pour servir de supplément aux vertus qu'ils perdent, & pour forcer les méchans eux-mêmes d'être utiles en dépit d'eux.

GOUT.

LE bon n'est que le beau mis en action ; l'un tient intimement à l'autre & ils ont tous deux une source commune dans la nature bien ordonnée. Il s'ensuit que le Goût se perfectionne par les mêmes moyens que la sagesse, & qu'une ame bien touchée des charmes de la vertu doit à proportion être aussi sensible à tous les genres de beautés.

On s'exerce à voir comme à sentir,

ou plutôt une vue exquise n'est qu'un sentiment délicat & fin. C'est ainsi qu'un peintre à l'aspect d'un beau paysage ou devant un beau tableau s'extasie à des objets qui ne sont pas même remarqués d'un spectateur vulgaire. Combien de choses qu'on n'apperçoit que par sentiment, & dont il est impossible de rendre raison ? Combien de ces je ne sçais quoi qui reviennent si fréquemment & dont le goût seul décide ?

Le goût est en quelque manière le microscope du jugement ; c'est lui qui met les petits objets à sa portée, & ses opérations commencent où s'arrêtent celles du dernier. Que faut-il donc pour le cultiver ? S'exercer à voir ainsi qu'à sentir, & à juger du beau par inspection comme du bon par sentiment.

Le luxe & le mauvais goût sont inséparables.. Par-tout où le goût est dispendieux, il est faux.

C'est sur-tout dans le commerce des deux sexes que le goût, bon ou mauvais prend sa forme ; sa culture est un effet nécessaire de l'objet de cette société. Mais quand la facilité de jouir attiédit le désir de plaire, le goût doit dégénérer ; & c'est-là, ce me semble, une raison des plus sensibles pourquoi le bon Goût tient aux bonnes mœurs.

Le Goût se corrompt par une délicatesse excessive, qui rend sensible à des choses que le gros des hommes n'apperçoit pas : cette délicatesse méne à l'esprit de discussion ; car plus on subtilise les objets, plus ils se multiplient : cette subtilité rend le tact plus délicat & moins uniforme. Il se forme alors autant de goûts qu'il y a de têtes. Dans les disputes sur la préférence, la philosophie & les lumieres s'étendent ; & c'est ainsi qu'on apprend à penser. Les observations fines ne peuvent guères être faites que par des gens très-répandus, attendu qu'elles frappent après toutes les autres, & que les gens peu accoutumés aux sociétés nombreuses y épuisent leur attention sur les grands traits. Il n'y a, peut-être, à présent un lieu policé sur la terre, où le goût général soit plus mauvais qu'à Paris. Cependant c'est dans cette Capitale que le bon goût se cultive ; & il paroît peu de livres estimés dans l'Europe, dont l'Auteur n'ait été se former à Paris. Ceux qui pensent qu'il suffit de lire les livres qui s'y font, se trompent ; on apprend beaucoup plus dans la conversation des Auteurs que dans leurs livres ; & les Auteurs eux-mêmes ne sont pas ceux avec qui l'on apprend le plus. C'est l'esprit des sociétés qui développe une tête pensante, & qui porte la vûe aussi loin qu'elle peut aller. Si vous avez une étincelle de génie, allez passer une année à

Paris : bientôt vous serez tout ce que vous pouvez être, ou vous ne serez jamais rien.

IMAGINATION.

Le pouvoir immédiat des sens est foible & borné : c'est par l'entremise de l'Imagination qu'ils font leurs plus grands ravages ; c'est elle qui prend soin d'irriter les désirs, en prêtant à leurs objets encore plus d'attraits que ne leur en donnât la nature ; c'est elle qui découvre à l'œil avec scandale ce qu'il ne voit pas seulement comme nud, mais comme devant être habillé. Il n'y a point de vêtement si modeste au travers duquel un regard enflammé par l'Imagination n'aille porter les désirs. Une jeune Chinoise, avançant un bout de pied couvert & chaussé, fera plus de ravage à Pekin que n'eût fait la plus belle fille du monde dansant toute nue au bas du Taygete.

Malheur à qui n'a plus rien à défirer ! il perd pour ainsi dire tout ce qu'il posséde. On jouit moins de ce qu'on obtient que de ce qu'on espere, & l'on n'est heureux qu'avant d'être heureux. En effet, l'homme avide & borné, fait pour tout vouloir & peu obtenir, a reçu du Ciel une force consolante qui rapproche de lui tout ce qu'il désire, qui le soumet à son Imagination, qui le lui rend présent & sensible, qui le lui livre en quelque sorte, & pour lui rendre cette imaginaire propriété plus douce, le modifie au gré de sa passion. Mais tout ce prestige disparoît devant l'objet même ; rien n'embellit plus cet objet aux yeux du possesseur ; on ne se figure point ce qu'on voit : l'imagination ne pare plus rien de ce qu'on posséde, l'illusion cesse où commence la jouissance.

En toute chose l'habitude tue l'Imagination, il n'y a que les objets nouveaux qui la réveillent. Dans ceux que l'on voit tous les jours, ce n'est plus l'Imagination qui agit, c'est la mémoire, & voilà la raison de l'axiome *ab assuetis non fit passio* ; car ce n'est qu'au feu de l'Imagination que les passions s'allument.

L'odorat est le sens de l'Imagination. Donnant aux nerfs un ton plus fort, il doit beaucoup agiter le cerveau ; c'est pour cela qu'il ranime un moment le tempérament & l'épuise à la longue. Il a dans l'amour des effets assez connus : le doux parfum d'un cabinet de toilette n'est pas un piége aussi foible qu'on pense ; & je ne sçais s'il faut féliciter ou plaindre l'homme sage & peu sensible, que l'odeur des fleurs que sa maîtresse a sur le sein ne fit jamais palpiter.

Le souvenir des objets qui nous ont frappés, les idées que nous avons acquises, nous suivent dans la retraite, la peuplent, malgré nous, d'images plus séduisantes que les objets mêmes, & rendent la solitude aussi funeste à celui qui les y porte, qu'elle est utile à celui qui s'y maintient toujours seul.

Quoique l'usage ordinaire soit d'annoncer par degrés les tristes nouvelles, il y a des Imaginations fougueuses, qui sur un mot portent tout à l'extrême, avec lesquelles il vaut mieux suivre une route contraire & les accabler d'abord pour leur ménager ensuite des adoucissemens.

SIGNES.

UNE des erreurs de notre âge est d'employer la raison trop nue, comme si les hommes n'étoient qu'esprit. En négligeant la langue des Signes qui parlent à l'imagination, l'on a perdu le plus énergique des langages. L'impression de la parole est toujours foible, & l'on parle au cœur par les yeux bien mieux que par les oreilles. En voulant tout donner au raisonnement, nous avons réduit en mots nos préceptes, nous n'avons rien mis dans les actions. La seule raison n'est point active ; elle retient quelquefois, rarement elle excite, & jamais elle n'a rien fait de grand. Toujours raisonner est la manie des petis esprits. Les ames fortes ont bien un autre langage ; c'est par

R

ce langage qu'on persuade & qu'on fait agir.

Dans les siécles modernes, les hommes n'ont plus de prise les uns sur les autres que par la force & par l'intérêt; au lieu que les anciens agissoient beaucoup plus par la persuasion, par les affections de l'ame, parce qu'ils ne négligeoient pas la langue des Signes. Toutes les conventions se passoient avec solemnité pour les rendre plus inviolables. Dans le gouvernement, l'auguste appareil de la Puissance royale en imposoit aux sujets. Des marques de dignités, un trône, un sceptre, une robe de pourpre, une couronne, un bandeau, étoient pour eux des choses sacrées. Ces Signes respectés leur rendoient vénérable l'homme qu'ils en voyoient orné; sans soldats, sans menaces, si-tôt qu'il parloit, il étoit obéi.

Le Clergé Romain, les a très-habilement conservés, & à son exemple quelques Républiques, entre autre celle de Venise. Aussi le gouvernement Vénitien, malgré la chûte de l'Etat, jouit-il encore sous l'appareil de son antique majesté, de toute l'affection, de toute l'adoration du peuple; & après le Pape orné de sa tiare, il n'y a peut-être ni roi, ni potentat, ni homme au monde aussi respecté que le doge de Venise, sans pouvoir, sans autorité, mais rendu sacré par sa pompe, & paré sous sa corne ducale, d'une coëffure de femme. Cette cérémonie du Bucentaure, qui fait tant rire les sots, feroit verser à la populace de Venise tout son sang pour le maintien de son tyranique gouvernement.

Ce que les anciens ont fait avec l'éloquence est prodigieux, mais cette éloquence ne consistoit pas seulement en beaux discours bien arrangés, & jamais elle n'eût plus d'effet que quand l'orateur parloit le moins. Ce qu'on difoit le plus vivement ne s'exprimoit pas par des mots, mais par des Signes; on ne le difoit pas, on le montroit. L'objet qu'on expofe aux yeux ébranle l'imagination, excite la curiofité, tient l'efprit dans l'attente de ce qu'on va dire, & fouvent cet objet feul a tout dit. Trafibule & Tarquin coupant des têtes de pavots, Alexandre appliquant fon fceau fur la bouche de fon favori, Diogêne marchant devant Zénon, ne parloient pas mieux que s'ils avoient fait de longs difcours. Quel circuit de paroles eût auffi bien rendu les mêmes idées? Darius engagé dans la Scythie avec fon armée, reçoit de la part du Roi des Scythes un oifeau, une grenouille, une fouris & cinq flèches. L'Ambaffadeur remet fon préfent, & s'en retourne fans rien dire. De nos jours cet homme eût paffé pour fou. Cette terrible harangue fut entendue, & Darius n'eût plus grande hâte que de regagner son pays comme il put. Substituez une lettre à ces Signes ; plus elle sera menaçante & moins elle effrayera : ce ne sera qu'une fanfaronade dont Darius n'eut fait que rire.

Que d'attentions chez les Romains à la langue des Signes ! des vêtemens divers selon les âges, selon les conditions ; des toges, des sayes, des prétextes, des bulles, des laticlaves, des chaînes, des licteurs, des faisceaux, des haches, des couronnes d'or, d'herbes, de feuilles, des ovations, des triomphes, tout chez eux étoit appareil, représentation, cérémonie, & tout faisoit impression sur les cœurs des citoyens. Il importoit à l'Etat que le peuple s'assemblât en tel lieu plutôt qu'en tel autre ; qu'il vît ou ne vit pas le Capitole ; qu'il fût ou ne fut pas tourné du côté du Sénat ;

qu'il délibérât tel ou tel jour par préférence. Les accusés changeoient d'habit, les candidats en changeoient ; les guerriers ne vantoient pas leurs exploits, ils montroient leurs blessures. A la mort de César, j'imagine un de nos orateurs voulant émouvoir le peuple, épuiser tous les lieux communs de l'art, pour faire une pathétique description de ses plaies, de son sang, de son cadavre : Antoine, quoiqu'éloquent, ne dit point tout cela ; il fait apporter le corps. Quelle rhétorique !

.

IDÉES.

La maniere de former les Idées est ce qui donne un caractere à l'esprit humain. L'esprit qui ne forme ses idées que sur des rapports réels, est un esprit solide ; celui qui se contente de rapports apparens, est un esprit superficiel : celui qui voit les rapports tels qu'ils sont, est un esprit juste ; celui qui les apprécie mal, est un esprit faux : celui qui controuve des rapports imaginaires qui n'ont ni réalité, ni apparence, est un fou ; celui qui ne compare point est un imbécile. L'aptitude plus ou moins grande à comparer des idées & à trouver des rapports, est ce qui fait dans les hommes le plus ou le moins d'esprit.

Les idées simples ne sont que des

senfations comparées. Il y a des jugemens dans les simples senfations, aussi bien que dans les senfations complexes, que j'appelle idées simples. Dans la senfation, le jugement est purement passif, il affirme qu'on sent ce qu'on sent. Dans la perception ou idée, le jugement est actif; il rapproche, il compare, il détermine des rapports que le sens ne détermine pas. Voilà toute la différence, mais elle est grande. Jamais la nature ne nous trompe; c'est toujours nous qui nous trompons.

ACCENT.

Se piquer de n'avoir point d'Accent, c'est se piquer d'ôter aux phrases leur grace & leur énergie. L'Accent est l'ame du discours; il lui donne le sentiment & la vérité. L'Accent ment moins que la parole. C'est peut-être pour cela que les gens bien élevés le craignent tant. C'est de l'usage de tout dire sur le même ton qu'est venu celui de persiffler les gens sans qu'ils le sentent. A l'Accent proscrit succedent des manieres de prononcer ridicules, affectées, & sujettes à la mode, telles qu'on les remarque sur-tout dans les jeunes gens de la Cour. Cette affectation de parole & de maintien est ce qui rend généralement l'abord du françois repoussant & désagréable aux autres nations. Au lieu de mettre de l'Accent dans son parler, il y met de l'air. Ce n'est pas le moyen de prévenir en sa faveur.

THEATRE.

LE mal qu'on reproche au Théâtre n'est pas précisément d'inspirer des passions criminelles, mais de disposer l'ame à des sentimens trop tendres qu'on satisfait ensuite aux dépens de la vertu. Les douces émotions qu'on y ressent n'ont pas par elles-mêmes un objet déterminé ; mais elles en font naître le besoin ; elles ne donnent pas précisément de l'amour, mais elles préparent à en sentir ; elles ne choisissent pas la personne qu'on doit aimer, mais elles nous forcent à faire ce choix.

Si les héros de quelques piéces soumettent l'amour au devoir, en admirant leur force, le cœur se prête à leur foiblesse ; on apprend moins à se donner leur courage qu'à se mettre dans le cas d'en avoir besoin. C'est plus d'exercice pour la vertu ; mais qui l'ose exposer à ces combats, mérite d'y succomber. L'amour, l'amour même prend son masque pour la surprendre ; il se pare de son enthousiasme ; il usurpe sa force, il affecte son langage, & quand on s'apperçoit de l'erreur, qu'il est tard pour en revenir ! que d'hommes bien nés, séduits par ces apparences, d'Amans tendres & généreux qu'ils étoient d'abord, sont devenus par dégrés de vils corrupteurs, sans mœurs, sans respect pour la foi conjugale, sans égards pour les droits de la confiance & de l'amitié ! heureux qui sçait se reconnoître au bord du précipice, & s'empêcher d'y tomber ! est-ce au milieu d'une course rapide qu'on doit espérer de s'arrêter ? Est-ce en s'attendrissant tous les jours qu'on apprend à surmonter la tendresse ? On triomphe aisément d'un foible penchant ; mais celui qui connut le véritable amour & l'a sçu vaincre, ah ! pardonnons à ce mortel, s'il existe, d'oser prétendre à la vertu.

MUSIQUE.

TOUTE Musique ne peut être composée que de ces trois choses ; mélodie ou chant, harmonie ou accompagnement, mouvement ou mesure.

L'harmonie n'est qu'un accessoir éloigné dans la Musique imitative ; il n'y a dans l'harmonie proprement dite aucun principe d'imitation. Elle assure, il est vrai, les intonations ; elle porte témoignage de leur justesse, & rendant les modulations plus sensibles, elle ajoute de l'énergie à l'expression & de la grace au chant ; mais c'est de la seule mélodie que sort cette puissance invincible des accens passionnés ; c'est d'elle que dérive tout le pouvoir de la Musique sur l'ame ; formez les plus savantes successions d'accords sans mélange de mélodie, vous serez ennuyé au bout d'un quart-d'heure. De beaux chans sans aucune harmonie sont long-tems à l'épreuve de l'ennui. Que l'accent du sentiment anime les chants les plus simples, ils seront intéressans. Au contraire, une mélodie qui ne parle point, chante toujours mal, & la seule harmonie n'a jamais rien sçu dire au cœur.

L'harmonie ayant son principe dans la nature, est la même pour toutes les nations, ou si elle a quelques différences, elles sont introduites par celles de la mélodie ; ainsi, c'est de la mélodie seulement qu'il faut tirer le caractere particulier d'une Musique nationale ; d'autant plus que ce caractere étant principalement donné par la langue, le chant proprement dit, doit ressentir sa plus grande influence.

On peut concevoir des langues plus propres à la Musique les unes que les autres ; on en peut concevoir qui ne le feroient point du tout. Telle en pourroit être une qui ne seroit composée que de sons mixtes, de syllabes muettes, sourdes ou nazales, peu de voyelles sonores, beaucoup de consones & d'articulations. Que résulteroit-il de la Musique appliquée à une telle langue ? Premierement, le défaut d'éclat dans le son des voyelles obligeroit d'en donner beaucoup à celui des notes, & parce que la langue seroit sourde, la Musique seroit criarde. En second lieu, la dureté & la fréquence des consonnes forceroit exclure beaucoup de mots, à ne procéder sur les autres que par des intonations élémentaires, & la Musique seroit insipide & monotone; sa marche seroit encore lente & ennuyeuse par la même raison, & quand on voudroit presser un peu le mouvement, sa vîtesse ressembleroit à celle d'un corps dur & angeleux qui roule sur le pavé.

La mesure, la troisiéme partie essentielle à la Musique, est à peu près à la mélodie ce que la sintaxe est au discours: c'est elle qui fait l'enchaînement des mots, qui distingue les phrases, & qui donne un sens, une liaison au tout. Toute Musique dont on ne sent point la la mesure, ressemble, si la faute vient de celui qui l'exécute, a une écriture en chiffres, dont il faut nécessairement trouver la clef pour en démêler le sens; mais si en effet cette Musique n'a pas de mesure sensible, ce n'est alors qu'une collection confuse de mots pris au hazard & écrits sans suite, auxquels le lecteur ne trouve aucun sens, parce que l'auteur n'y en a point mis. La mesure dépend aussi de la langue, & singulierement de cet attribut de la langue qu'on appelle *Prosodie* ; ceci est évident, car il est nécessaire que la mesure suive les combinaisons des bréves & des longues qui se trouvent toujours dans une langue. Or, supposons une nation dont la langue n'eût qu'une mauvaise prosodie ; c'est-à-dire, une prosodie peu marquée sans exactitude & sans précision, que les longues & les bréves n'eussent pas entr'elles en durées & en nombres des rapports simples & propres à rendre le rythme agréable, exact, régulier ; qu'elle eut des longues plus ou moins longues les unes que les autres, des bréves plus ou moins bréves, des syllabes ni bréves ni longues, & que les

les différences des unes & des autres fuſſent indéterminées & preſque incommenſurables ; il eſt clair que la Muſique nationale étant contrainte de recevoir dans ſa meſure les irrégularités de la proſodie, n'en auroit qu'une fort vague, inégale, & très-peu ſenſible ; que le récitatif ſe ſentiroit, ſur-tout, de cette irrégularité ; qu'on ne ſçauroit preſque comment y faire accorder les valeurs des notes & celles des ſyllabes ; qu'on feroit contraint d'y changer la meſure à tout moment, & qu'on ne pourroit jamais y rendre les vers dans un rythme exact & cadencé ; que même dans les airs méſurés tous les mouvemens ſeroient peu naturels, & ſans préciſion.

ASSEMBLÉES DE DANSE.

Je n'ai jamais bien conçu pourquoi l'on s'effarouche si fort de la Danse & des Assemblées qu'elle occasionne; comme s'il y avoit plus de mal à danser qu'à chanter, que chacun de ces amusemens ne fut pas également une inspiration de la nature, & que ce fut un crime de s'égayer en commun par une récréation innocente & honnête. Pour moi, je pense, au contraire, que toutes les fois qu'il y a concours des deux sexes tout divertissement public devient innocent par cela même qu'il est public, au lieu que l'occupation la plus louable est suspecte dans le tête-à-tête. L'homme & la femme sont destinés l'un pour l'autre, la fin de la nature est qu'ils soient unis par le mariage. Toute fausse religion combat la nature, la nôtre seule qui la suit & la rectifie annonce une institution divine & convenable à l'homme. Elle ne doit donc point ajouter sur le mariage, aux embarras de l'ordre civil des difficultés que l'Evangile ne prescrit pas, & qui sont contraires à l'esprit du Christianisme. Mais qu'on me dise où de jeunes personnes à marier auront occasion de prendre du goût l'une pour l'autre, & de se voir avec plus de décence & de circonspection que dans une assemblée, où les yeux du public incessamment tournés sur elles les forcent à s'observer avec le plus grand soin ? Eh ! quoi, Dieu est-il offensé par un exercice agréable & salutaire, convenable à la vivacité de la jeunesse, qui consiste à se présenter l'un à l'autre avec grace & bienséance, & auquel le spectateur impose une gravité dont personne n'oseroit sortir ?

Peut-on imaginer un moyen plus honnête de ne tromper personne au moins quant à la figure, & de se montrer avec les agrémens & les défauts qu'on peut avoir aux gens qui ont intérêt de nous bien connoître avant de s'obliger à nous aimer ? Le devoir de se chérir réciproquement n'emporte-t-il pas celui de se plaire, & n'est-ce pas un soin digne de deux personnes vertueuses & chrétiennes qui songent à s'unir, de préparer ainsi leurs cœurs à l'amour mutuel que Dieu leur impose ?

Qu'arrive-t-il dans ces lieux où règne une éternelle contrainte, où l'on punit comme un crime la plus innocente gaité, où les jeunes gens des deux sexes n'osent jamais s'assembler en public, & où l'indiscrete sévérité d'un Pasteur ne sçait prêcher au nom de Dieu qu'une gêne servile, & la tristesse & l'ennui ? On élude une tyrannie insupportable que la nature & la raison désavouent. Aux plaisirs permis dont ont privé une jeunesse enjouée & folâtre, elle en substitue de plus dangereux. Les tête-à-tête adroitement concertés prennent la place des assemblées publiques. A force de se cacher comme si l'on étoit coupable, on est tenté de le devenir. L'innocente joie aime à s'évaporer au grand jour, mais le vice est ami des ténèbres, & jamais l'innocence & le mystère n'habiterent long-tems ensemble.

DESSEIN.

POUR rendre heureusement un Dessein, l'Artiste ne doit pas le voir tel qu'il sera sur son papier, mais tel qu'il est dans la nature. Le crayon ne distingue pas une blonde d'une brune, mais l'imagination qui le guide doit les distinguer. Le burin marque mal les clairs & les ombres, si le Graveur n'imagine aussi les couleurs. De même dans les figures en mouvement, il faut voir ce qui précéde & ce qui suit, & donner au tems de l'action une certaine latitude; sans quoi l'on ne saisira jamais bien l'unité du moment qu'il faut exprimer. L'habileté de l'Artiste consiste à faire imaginer au spectateur beaucoup de choses qui ne sont pas sur la planche; & cela dépend d'un heureux choix de circonstances, dont celles qu'il rend font supposer celles qu'il ne rend pas.

CONVERSATION, POLITESSE, ART DE TENIR MAISON.

Le grand caquet vient nécessairement, ou de la prétention à l'esprit, ou du prix qu'on donne à des bagatelles, dont on croit sottement que les autres font autant de cas que nous. Celui qui connoît assez de choses, pour donner à toutes leur véritable prix, ne parle jamais trop ; car il sçait apprécier aussi l'attention qu'on lui donne, & l'intérêt qu'on peut prendre à ses discours. Généralement les gens qui sçavent peu, parlent beaucoup, & les gens qui sçavent beaucoup parlent peu : il est simple qu'un ignorant trouve important tout ce qu'il sçait, & le dise à tout le monde,

Mais un homme inſtruit, n'ouvre pas aiſément ſon répertoir : il auroit trop à dire, & il voit encore plus à dire après lui, il ſe tait.

Le talent de parler tient le premier rang dans l'art de plaire ; c'eſt par lui ſeul qu'on peut ajouter de nouveaux charmes à ceux auxquels l'habitude accoutume les ſens. C'eſt l'eſprit, qui non-ſeulement vivifie le corps, mais qui le renouvelle en quelque ſorte ; c'eſt par la ſucceſſion des ſentimens & des idées qu'il anime & varie la phiſionnomie ; & c'eſt par les diſcours qu'il inſpire, que l'attention, tenue en haleine, ſoutient long-tems le même intérêt ſur le même objet.

Le ton de la bonne converſation eſt coulant & naturel ; il n'eſt ni peſant, ni frivole ; il eſt ſçavant ſans pédanterie, gai ſans tumulte, poli ſans affectation, galant ſans fadeur, badin ſans équivoque,

que. Ce ne sont ni des dissertations, ni des épigrammes; on y raisonne sans argumenter; on y plaisante sans jeux de mots; on y associe avec art l'esprit & la raison, les maximes & les saillies, l'ingénieuse raillerie & la morale austere. On y parle de tout pour que chacun ait quelque chose à dire; on n'approfondit point les questions de peur d'ennuyer: on les propose comme en passant, on les traite avec rapidité, la précision méne à l'élégance; chacun dit son avis, & l'appuie en peu de mots; nul n'attaque avec chaleur celui d'autrui; nul ne défend opiniâtrement le sien; on dispute pour s'éclairer, on s'arrête avant la dispute, chacun s'instruit, chacun s'amuse, tous s'en vont contens: & le sage même peut rapporter de ces entretiens des sujets dignes d'être médités en silence.

L'honnête intérêt de l'humanité, l'épanchement simple & touchant d'une ame franche, ont un langage bien différent des fausses démonstrations de la politesse, & des dehors trompeurs que l'usage du monde exige. Il est bien à craindre que celui qui, dès la premiere vûe, vous traite comme un ami de vingt ans, ne vous traite au bout de vingt ans comme un inconnu, si vous avez quelque service important à lui demander. Quand on voit des hommes dissipés prendre un intérêt si tendre à tant de gens, on présume volontiers qu'ils n'en prennent à personne.

En général, la politesse des hommes est plus officieuse, celle des femmes plus caressante.

J'entre dans des Maisons ouvertes, dont le maître & la maîtresse font conjointement les honneurs. Tous deux ont eu la même éducation, tous deux sont d'une égale politesse, tous deux également pourvus de goût & d'esprit, tous deux animés du même désir de recevoir leur monde, & de renvoyer chacun content d'eux. Le mari n'omet aucun soin pour être attentif à tout : il va, vient, fait la ronde & se donne mille peines ; il voudroit être tout attention. La femme reste à sa place ; un petit cercle se rassemble autour d'elle, & semble lui cacher le reste de l'assemblée ; cependant il ne s'y passe rien qu'elle n'apperçoive, il n'en sort personne à qui elle n'ait parlé ; elle n'a rien omis de ce qui pouvoit intéresser tout le monde, elle n'a rien dit à chacun qui ne lui fut agréable, & sans rien troubler à l'ordre, le moindre de la compagnie n'est pas plus oublié que le premier. On est servi, l'on se met à table ; l'homme, instruit des gens qui se conviennent, les placera selon ce qu'il sçait ; la femme sans rien sçavoir ne s'y trompera pas. Elle aura déjà lû dans les yeux, dans le maintien toutes les convenances, & chacun se trouvera placé comme il veut l'être. Je ne dis pas qu'au service personne n'est oubliée. Le maître de la Maison en faisant la ronde aura pû n'oublier personne: mais la femme devine ce qu'on regarde avec plaisir & en offre; en parlant à son voisin elle a l'œil au bout de la table; elle discerne qui ne mange point, parce qu'il n'a pas faim, & celui qui n'ose se servir ou demander, parce qu'il est mal-à-droit ou timide. En sortant de table, chacun croit qu'elle n'a songé qu'à lui; tous ne pensent pas qu'elle ait eu le tems de manger un seul morceau: mais la vérité est qu'elle a mangé plus que personne. Quand tout le monde est parti, l'on parle de ce qui s'est passé. L'homme rapporte ce qu'on lui a dit, ce qu'ont dit & fait ceux avec lesquels il s'est entretenu. Si ce n'est pas toujours là-dessus que la femme est la plus exacte, en revanche elle a vû ce qui s'est dit tout bas à l'autre bout de la salle; elle sçait ce qu'un tel a pensé, à quoi tenoit tel propos ou tel geste; il s'est fait à peine un mouvement expressif, qu'elle n'ait l'interprétation toute prête, & presque toujours conforme à la vérité.

MAISTRES, DOMESTIQUES.

Toute maison bien ordonnée est l'image de l'ame du Maître. Les lambris dorés, le luxe & la magnificence n'annoncent que la vanité de celui qui les étale, au lieu que par-tout où vous verrez régner la régle sans tristesse, la paix sans esclavage, l'abondance sans profusion, dites avec confiance; c'est un être heureux qui commande ici.

Un pere de famille qui se plaît dans sa maison, a pour prix des soins continuels qu'il s'y donne, la continuelle jouissance des plus doux sentimens de la nature. Seul entre tous les mortels, il est maître de sa propre félicité, parce qu'il est heureux comme Dieu même, sans rien désirer de plus que ce dont il jouit : comme cet être immense il ne songe pas à amplifier ses possessions, mais à les rendre véritablement siennes par les relations les plus parfaites & la direction la mieux entendue : s'il ne s'enrichit pas par de nouvelles acquisitions, il s'enrichit en possédant mieux ce qu'il a. Il ne jouissoit que du revenu de ses terres, il jouit encore de ses terres mêmes en présidant à leur culture & les parcourant sans cesse. Son Domestique lui étoit étranger ; il en fait son bien, son enfant, il se l'approprie. Il n'avoit droit que sur les actions, il s'en donne encore sur les volontés. Il n'étoit maître qu'à prix d'argent, il le devient par l'empire sacré de l'estime & des bienfaits.

C'est une grande erreur dans l'économie domestique ainsi que dans la vie civile de vouloir combattre un vice par un autre, ou former entre eux une sorte d'équilibre, comme si ce qui sape les fondemens de l'ordre pouvoit jamais servir à l'établir ; on ne fait par cette mauvaise police que réunir enfin tous les inconvéniens. Les vices tolérés dans une maison n'y régnent pas seuls ; laissez-en germer un, mille viendront à sa suite.

Dans une maison où le Maître est sincerement chéri & respecté, tous ses Domestiques se regardant comme lesés par des pertes qui le laisseroient moins en état de récompenser un bon Serviteur, sont également incapables de souffrir en silence le tort que l'un d'eux voudroit lui faire. C'est une police bien sublime que celle qui sçait transformer ainsi le vil métier d'accusateur en une fonction de zéle, d'intégrité, de courage, aussi noble ou du moins aussi louable qu'elle l'étoit chez les Romains.

Le précepte de couvrir les fautes de son prochain ne se rapporte qu'à celles qui ne font de tort à personne; une injustice qu'on voit, qu'on tait & qui blesse un tiers, on la commet soi-même; & comme ce n'est que le sentiment de nos propres défauts qui nous oblige à pardonner ceux d'autrui, nul n'aime à tolérer les fripons, s'il n'est fripon lui-même. Ces principes, vrais en général d'homme à homme, sont bien plus rigoureux encore dans la relation étroite du Serviteur au Maître.

Que penser de ces Maîtres indifférens à tout hors à leur intérêt, qui ne veulent qu'être bien servis, sans s'embarrasser au surplus de ce que font leurs gens. Ceux qui ne veulent qu'être bien servis ne sçauroient l'être long-tems. Les liaisons trop intimes entre les deux sexes ne produisent jamais que du mal. C'est des conciliabules qui se tiennent chez les Femmes de chambre que sortent la plûpart des désordres d'un ménage. L'accord des hommes entre eux ni des femmes entre elles n'est pas assez sûr pour tirer à conséquence. Mais c'est toujours entre hommes & femmes que s'établissent ces secrets monopoles qui ruinent à la longue les familles les plus opulentes.

L'insolence des Domestiques annonce plutôt un Maître vicieux que foible : car rien ne leur donne autant d'audace que la connoissance de ses vices, & tous ceux qu'ils découvrent en lui sont à leurs yeux autant de dispenses d'obéir.

à un homme qu'ils ne sçauroient plus respecter.

Les Valets imitent les Maîtres, & les imitant grossierement ils rendent sensibles dans leur conduite les défauts que le vernis de l'éducation cache mieux dans les autres.

Quand celui qui ne s'embarrasse pas d'être méprisé & haï de ses gens s'en croit pourtant bien servi, c'est qu'il se contente de ce qu'il voit & d'une exactitude apparente, sans tenir compte de mille maux secrets qu'on lui fait incessamment, & dont il n'apperçoit jamais la source. Mais où est l'homme assez dépourvu d'honneur pour pouvoir supporter les dédains de tout ce qui l'environne ? Où est la femme assez perdue pour n'être plus sensible aux outrages ? Combien dans Paris & dans Londres, de Dames se croyent fort honorées, qui fondroient en larmes si elles entendoient ce qu'on dit d'elles dans leur anti-chambre ? Heureusement pour leur repos elles se rassurent en prenant ces argus pour des imbécilles, & se flattant qu'ils ne voyent rien de ce qu'elles ne daignent pas leur cacher. Aussi dans leur mutine obéissance ne leur cachent-ils guères à leur tour le mépris qu'ils ont pour elles. Maîtres & Valets sentent mutuellement que ce n'est pas la peine de se faire estimer les uns des autres.

En toute chose l'exemple des Maîtres est plus fort que l'autorité, & il n'est pas naturel que leurs Domestiques veuillent être plus honnêtes gens qu'eux.

Si on examine de près la police des grandes maisons, on voit clairement qu'il est impossible à un Maître qui a vingt Domestiques de venir jamais à bout de sçavoir s'il y a parmi eux un honnête homme, & de ne prendre pas pour tel le plus méchant fripon de tous. Cela seul pourroit dégoûter d'être au nombre des riches. Un des plus doux plaisirs de la vie, le plaisir de la confiance & de l'estime est perdu pour ces malheureux : ils achetent bien cher tout leur or.

CAMPAGNE.

Le travail de la Campagne est agréable à considérer, & n'a rien d'assez pénible en lui-même pour émouvoir à compassion. L'objet de l'utilité publique & privée le rend intéressant ; & puis, c'est la premiere vocation de l'homme, il rappelle à l'esprit une idée agréable, & au cœur tous les charmes de l'âge d'or. L'imagination ne reste point froide à l'aspect du labourage &

des moissons. La simplicité de la vie pastorale & champêtre a toujours quelque chose qui touche. Qu'on regarde les prés couverts de gens qui fanent & chantent, & des troupeaux épars dans l'éloignement : insensiblement on se sent attendrir sans sçavoir pourquoi. Ainsi quelquefois encore la voix de la nature amolit nos cœurs farouches, & quoiqu'on l'entende avec un regret inutile, elle est si douce qu'on ne l'entend jamais sans plaisir.

Les gens de ville ne sçavent pas aimer la Campagne; ils ne sçavent pas même y être : à peine quand ils y sont sçavent-ils ce qu'on y fait. Ils en dédaignent les travaux, les plaisirs, il les ignorent ; ils sont chez eux comme en pays étranger, faut-il s'étonner s'ils s'y déplaisent !

O tems de l'amour & de l'innocence, où les femmes étoient tendres & modestes, où les hommes étoient simples & vivoient contens ! O Rachel ! fille charmante & si constamment aimée, heureux celui qui pour t'obtenir ne regretta pas quatorze ans d'esclavage ! O douce élève de Noëmi, heureux le bon vieillard dont tu réchauffois les pieds & le cœur ! Non, jamais la beauté ne régne avec plus d'empire qu'au milieu des soins champêtres. C'est-là que les graces sont sur leur trône, que la simplicité les pare, que la gaîté les anime, & qu'il faut les adorer malgré soi.

C'est une impression générale qu'éprouvent tous les hommes, quoiqu'ils ne l'observent pas tous, que sur les hautes montagnes où l'air est pur & subtil, on se sent plus de facilité dans la respiration, plus de légereté dans le corps, plus de sérénité dans l'esprit, les plaisirs y sont moins ardens, les passions plus modérées. Les méditations y prennent je ne sçais quel caractere grand & sublime, proportionné aux objets qui nous frappent, je ne sçais quelle volupté tranquille qui n'a rien d'âcre & de sensuel. Il semble qu'en s'élevant au-dessus du séjour des hommes on y laisse tous les sentimens bas & terrestres, qu'à mesure qu'on approche des régions étherées, l'ame contracte quelque chose de leur inaltérable pureté. On y est grave sans mélancolie, paisible sans indolence, content d'être & de penser : tous les désirs trop vifs s'émoussent ; ils perdent cette pointe aigue qui les rend douloureux, ils ne laissent au fond du cœur qu'une émotion légere & douce, & c'est ainsi qu'un heureux climat fait servir à la félicité de l'homme les passions qui font ailleurs son tourment. Je doute qu'aucune agitation violente, aucune maladie de vapeurs pût tenir contre un pareil séjour prolongé, & je suis surpris que des bains de l'air salutaire & bienfaisant des montagnes ne soient pas un des grands remédes de la Médecine & de la Morale.

TABLEAU DU LEVER DU SOLEIL.

Transportons-nous sur un lieu élevé avant que le Soleil se leve. On le voit s'annoncer de loin par les traits de feu qu'il lance au-devant de lui. L'incendie augmente, l'Orient paroît tout en flammes : à leur éclat on attend l'Astre long-tems avant qu'il se montre : à chaque instant on croit le voir paroître, on le voit enfin. Un point brillant part comme un éclair & remplit aussi-tôt tout l'espace : le voile des ténèbres

nèbres s'efface & tombe : l'homme reconnoît son séjour & le trouve embelli. La verdure a pris durant la nuit une vigueur nouvelle; le jour naissant qui l'éclaire, les premiers rayons qui la dorent, la montrent couverte d'un brillant rézeau de rosée, qui réfléchit à l'œil la lumiere & les couleurs. Les oiseaux en chœur se réunissent & saluent de concert le pere de la vie; en ce moment pas un seul ne se tait. Leur gazouillement foible encore, est plus lent & plus doux que dans le reste de la journée, il se sent de la langueur d'un paisible réveil. Le concours de tous ces objets porte aux sens une impression de fraîcheur qui semble pénétrer jusqu'à l'ame. Il y a là une demi-heure d'enchantement auquel nul homme ne résiste : un spectacle si grand, si beau, si délicieux n'en laisse aucun de sang-froid.

HISTOIRE.

Un des grands vices de l'Histoire est qu'elle peint beaucoup plus les hommes par leurs mauvais côtés que par les bons ; comme elle n'est intéressante que par les révolutions, les catastrophes, tant qu'un peuple croît & prospère dans le calme d'un paisible gouvernement, elle n'en dit rien ; elle ne commence à en parler que quand, ne pouvant plus se suffire à lui-même, il prend part aux affaires de ses voisins, ou les laisse prendre part aux siennes ; elle ne l'illustre que quand il est déjà sur son déclin : toutes nos Histoires commencent où elles devroient finir. Nous avons fort exactement celle des peuples qui se détruisent, ce qui nous manque est celle des peuples qui se multiplient ; ils sont assez heureux & assez sages pour qu'elle n'ait rien à dire d'eux : & en effet, nous voyons, même de nos jours, que les Gouvernemens qui se conduisent le mieux, sont ceux dont on parle le moins.

Il s'en faut bien que les faits décrits dans l'Histoire, ne soient la peinture exacte des mêmes faits tels qu'ils sont arrivés. Ils changent de forme dans la tête de l'Historien, ils se moulent sur ses intérêts, ils prennent la teinte de ses préjugés. Qui est-ce qui sçait mettre exactement le Lecteur au lieu de la scène, pour voir un événement tel qu'il s'est passé ? L'ignorance ou la partialité déguisent tout. Sans altérer même un trait historique, en étendant ou resserrant des circonstances qui s'y rapportent, que de faces différentes on peut lui donner ! Mettez un même objet à divers point de vue, à peine paroîtrat-il le même, & pourtant rien n'aura changé, que l'œil du spectateur.

L'Histoire montre bien plus les actions que les hommes, parce qu'elle ne saisit ceux-ci que dans certains momens choisis, dans leurs vêtemens de parade; elle n'expose que l'homme public qui s'est arrangé pour être vu. Elle ne le suit point dans sa maison, dans son cabinet, dans sa famille, au milieu de ses amis, elle ne le peint que quand il représente; c'est bien plus son habit que sa personne qu'elle peint.

La lecture des vies particulieres est préférable pour commencer l'étude du cœur humain; car alors l'homme a beau se dérober, l'Historien le poursuit par-tout; il ne lui laisse aucun moment de relâche, aucun recoin pour éviter l'œil perçant du Spectateur, & c'est quand l'un croit mieux se cacher, que l'autre le fait mieux connoître. » Ceux, » dit Montagne, qui écrivent les vies, » d'autant qu'ils s'amusent plus aux » conseils qu'aux événemens, plus à ce » qui se passe au-dedans, qu'à ce qui » arrive au-dehors; ceux là me sont » plus propres: voilà pourquoi c'est » mon homme que Plutarque.«

Il est vrai que le génie des hommes assemblés ou des peuples est fort différent du caractere de l'homme en particulier, & que ce seroit connoître très-imparfaitement le cœur humain que de ne pas l'examiner aussi dans la multitude; mais il n'est pas moins vrai qu'il faut commencer par étudier l'homme pour juger les hommes, & que qui connoîtroit parfaitement les penchans de chaque individu, pourroit prévoir tous leurs effets combinés dans le corps du peuple.

Les anciens Historiens sont remplis

de vues dont on pourroit faire usage, quand même les faits qui les présentent seroient faux : mais nous ne sçavons tirer aucun vrai parti de l'Histoire ; la critique d'érudition absorbe tout, comme s'il importoit beaucoup qu'un fait fût vrai, pourvu qu'on en pût tirer une instruction utile. Les hommes sensés doivent regarder l'Histoire comme un tissu de Fable dont la morale est très-appropriée au cœur humain.

VOYAGES.

Il y a bien de la différence entre voyager pour voir du pays, ou pour voir des peuples. Le premier objet est toujours celui des curieux, l'autre n'est pour eux qu'accessoire. Ce doit être tout le contraire pour celui qui veut philosopher. L'enfant observe les choses, en attendant qu'il puisse observer les hommes. L'homme doit commencer par observer ses semblables, & puis il observe les choses s'il en a le tems.

Quiconque n'a vu qu'un peuple, au lieu de connoître les hommes ne connoît que les gens avec lesquels il a vécu.

Pour étudier les hommes faut-il parcourir la terre entiere ? Faut-il aller au Japon observer les Européens ? Pour connoître l'espece faut-il connoître tous les individus ? Non, il y a des hommes qui se ressemblent si fort, que ce n'est pas la peine de les étudier séparément. Qui a vu dix François les a tous vus ; quoiqu'on n'en puisse pas dire autant des Anglois & de quelques autres peuples, il est pourtant certain que chaque nation a son caractere propre & spécifique qui se tire par induction, non de l'observation d'un seul de ses membres, mais de plusieurs. Celui qui a comparé dix peuples connoît les hommes, comme celui qui a vu dix François connoît les François.

De tous les peuples du monde le François est celui qui voyage le plus; mais plein de ses usages, il confond tout ce qui n'y ressemble pas. Il y a des François dans tous les coins du monde. Il n'y a point de pays où l'on trouve plus de gens qui ayent voyagé qu'on en trouve en France. Avec cela pourtant, de tous les peuples de l'Europe, celui qui en voit le plus les connoît le moins. L'Anglois voyage aussi, mais d'une autre maniere; il faut que ces deux peuples soient contraires en tout. La Noblesse Angloise voyage, la Noblesse Françoise ne voyage point: le peuple François voyage, le peuple Anglois ne voyage point. Cette différence me paroît honorable au dernier.

Les

Les François ont presque toujours quelque vue d'intérêt dans leurs voyages : mais les Anglois ne vont point chercher fortune chez les autres nations, si ce n'est par le commerce, & les mains pleines ; quand ils y voyagent, c'est pour y verser leur argent, non pour vivre d'industrie ; ils sont trop fiers pour aller ramper hors de chez eux. Cela fait aussi qu'ils s'instruisent mieux chez l'étranger que ne font les François, qui ont un tout autre objet en tête. Les Anglois ont pourtant aussi leurs préjugés nationaux ; ils en ont même plus que personne ; mais ces préjugés tiennent moins à l'ignorance qu'à la passion. L'Anglois a les préjugés de l'orgueil, & le François ceux de la vanité.

Comme les peuples les moins cultivés sont généralement les plus sages, ceux qui voyagent le moins, voyagent le mieux ; parce qu'étant moins avancés que nous dans nos recherches frivoles, & moins occupés des objets de notre vaine curiosité, ils donnent toute leur attention à ce qui est véritablement utile. Je ne connois guères que les Espagnols qui voyagent de cette maniere. Tandis qu'un François court chez les artistes du pays, qu'un Anglois en fait dessiner quelque antique, & qu'un Allemand porte son *album* chez tous les sçavans, l'Espagnol étudie en silence le gouvernement, les mœurs, la police, & il est le seul des quatre qui de retour chez lui rapporte de ce qu'il a vu quelque remarque utile à son pays.

Les anciens voyageoient peu, lisoient peu, faisoient peu de livres, & pourtant on voit dans ceux qui nous restent d'eux, qu'ils s'observoient mieux les uns les autres que nous n'observons nos contemporains. Sans remonter aux écrits d'Homere, le seul Poëte qui nous transporte dans le pays qu'il décrit, on ne peut refuser à Hérodote l'honneur d'avoir peint les mœurs dans son histoire, quoiqu'elle soit plus en narrations qu'en réflexions, mieux que ne font tous nos Historiens, en chargeant leurs livres de portraits & de caracteres. Tacite a mieux décrit les Germains de son tems, qu'aucun écrivain n'a décrit les Allemands d'aujourd'hui. Incontestablement ceux qui sont versés dans l'histoire ancienne connoissent mieux les Grecs, les Carthaginois, les Romains, les Gaulois, les Perses, qu'aucun peuple de nos jours ne connoît ses voisins.

Il faut avouer aussi, que les caracteres originaux des peuples s'effaçant de jour en jour, deviennent en même raison plus difficiles à saisir. A mesure que les races se mêlent, & que les peuples se confondent, on voit peu-à-peu disparoître ces différences nationnales qui frappoient jadis au premier coup d'œil. Autrefois chaque nation restoit plus renfermée en elle-même, il y avoit moins de communication, moins de voyages, moins d'intérêts communs ou contraires, moins de liaisons politiques & civiles de peuple à peuple; point tant de ces tracasseries royales appellées négociations, point d'ambassadeurs ordinaires ou résidens continuellement; les grandes navigations étoient rares, il y avoit peu de commerce éloigné, & le peu qu'il y en avoit étoit fait par le Prince même qui s'y servoit d'étrangers, ou par des gens méprisés qui ne donnoient le ton à personne, & ne rapprochoient point les nations. Il y a cent fois plus de liaison maintenant entre l'Europe & l'Asie, qu'il n'y en avoit jadis entre la Gaule & l'Espagne : l'Europe seule étoit plus éparse que la terre entiere ne l'est aujourd'hui.

Ajoutez à cela, que les anciens peuples se regardant la plûpart comme Autoctthones, ou originaires de leur propre pays, l'occupoient depuis assez long-tems, pour avoir perdu la mémoire des siècles reculés où leurs ancêtres s'y étoient établis, & pour avoir laissé le tems au climat de faire sur eux des impressions durables; au lieu que parmi nous, après les invasions des Romains, les récentes émigrations des barbares ont tout mêlé, tout confondu. Les François d'aujourd'hui, ne sont plus ces grands corps blonds & blancs d'autrefois; les Grecs ne sont plus ces beaux hommes faits pour servir de modéles à l'art; la figure des Romains eux-mêmes a changé de caractere, ainsi que leur naturel: les Persans originaires de Tartarie, perdent chaque jour de leur laideur primitive, par le mélange du sang circassien. Les Européens ne sont plus Gaulois, Germains, Iberiens, Allobroges; ils ne sont tous que des Scithes diversement dégénérés, quant à la figure, & encore plus quant aux mœurs.

Voilà pourquoi les antiques distinctions des races, les qualités de l'air & du terroir, marquoient plus fortement de peuple à peuple les tempéramens, les figures, les mœurs, les caracteres, que tout cela ne peut se marquer de nos jours, où l'inconstance Européenne ne laisse à nulle cause naturelle le tems de faire ses impressions, & où les forêts abattues, les marais desséchés, la terre plus uniformément, quoique plus mal cultivée, ne laissent plus, même au physique, la même différence de terre à terre, & de pays à pays.

Peut-être avec de semblables réflexions se presseroit-on moins de tourner en ridicule Hérodote, Ctésias,

Pline, pour avoir représenté les habitans de divers pays, avec des traits originaux & des différences marquées que nous ne leur voyons plus. Il faudroit retrouver les mêmes hommes, pour reconnoître en eux les mêmes figures; il faudroit que rien ne les eût changés, pour qu'ils fussent restés les mêmes. Si nous pouvions considérer à la fois tous les hommes qui ont été, peut-on douter que nous ne les trouvassions plus variées de siécle à siécle, qu'on ne les trouve aujourd'hui de nation à nation?

En même tems que les observations deviennent plus difficiles, elles se font plus négligemment & plus mal; c'est une autre raison du peu de succès de nos recherches dans l'histoire naturelle du Genre Humain. L'instruction qu'on retire des Voyages se rapporte à l'objet qui les fait entreprendre. Quand cet objet est un système de philosophie, le voyageur ne voit jamais que ce qu'il veut voir : quand cet objet est l'intérêt, il absorbe toute l'attention de ceux qui s'y livrent. Le commerce & les arts, qui mêlent & confondent les peuples, les empêchent aussi de s'étudier. Quand ils sçavent le profit qu'ils peuvent faire l'un avec l'autre, qu'ont-ils de plus à sçavoir ?

Il y a bien de la différence entre voyager pour voir du pays, ou pour voir des peuples. Le premier objet est toujours celui des curieux, l'autre n'est pour eux qu'accessoire. Ce doit être tout le contraire pour celui qui veut philosopher. L'enfant observe les choses, en attendant qu'il puisse observer les hommes. L'homme doit commencer par observer ses semblables, & puis il observe les choses, s'il en a le tems.

Pour parvenir à la connoissance des peuples, il faut commencer par tout obferver dans le premier où l'on fe trouve, affigner enfuite les différences à mefure que l'on parcourt les autres pays, comparer, par exemple, la France à chacun d'eux, comme on décrit l'olivier fur un faule, ou le palmier fur le fapin, & attendre à juger du premier peuple obfervé qu'on ait obfervé tous les autres.

Les Voyages ne conviennent qu'à très-peu de gens : ils ne conviennent qu'aux hommes affez fermes fur eux-mêmes, pour écouter les leçons de l'erreur fans fe laiffer féduire, & pour voir l'exemple du vice fans fe laiffer entraîner. Les Voyages pouffent le naturel vers fa pente, & achevent de rendre l'homme bon ou mauvais. Quiconque revient de courir le monde, eft, à fon retour, ce qu'il fera toute fa vie.

HOMME.

DANS l'état où sont désormais les choses, un homme abandonné dès sa naissance à lui-même parmi les autres, seroit le plus défiguré de tous. Les préjugés, l'autorité, la nécessité, l'exemple, toutes les institutions sociales dans lesquelles nous nous trouvons submergés, étoufferoient en lui la nature, & ne mettroient rien à la place. Elle y seroit comme un arbrisseau que le hazard fait naître au milieu d'un chemin, & que les passans font bientôt périr en le heurtant de toutes parts, & le pliant dans tous les sens.

On façonne les plantes par la culture, & les Hommes par l'éducation. Si l'homme naissoit grand & fort, sa taille & sa force lui seroient inutiles, jusqu'à ce qu'il eût appris à s'en servir : elles lui seroient préjudiciables, en empêchant les autres de songer à l'assister ; & abandonné à lui-même, il mourroit de misere avant d'avoir connu ses besoins. On se plaint de l'état de l'enfance ; on ne voit pas que la race humaine eût péri, si l'homme n'eût commencé par être enfant.

Supposons qu'un enfant eût à sa naissance, la stature & la force d'un homme fait, qu'il sortît, pour ainsi dire du sein de sa mere, comme Pallas du cerveau de Jupiter ; cet homme-enfant seroit un parfait imbécille, un automate, une statue immobile & presque insensible. Il ne verroit rien, il n'entendroit rien, il ne connoîtroit personne, il ne sçauroit pas tourner les yeux vers ce qu'il auroit besoin de voir. Non-seulement il n'appercevroit aucun objet hors de lui, il n'en rapporteroit même aucun dans l'organe du sens qui le lui feroit appercevoir ; les couleurs ne seroient point dans ses yeux, les sons ne seroient point dans ses oreilles, les corps qu'il toucheroit ne seroient point sur le sien, il ne sçauroit pas même qu'il en a un : le contact de ses mains seroit dans son cerveau ; toutes ses sensations se réuniroient dans un seul point ; il n'existeroit que dans le commun *sensorium*, il n'auroit qu'une seule idée, sçavoir, celle du *moi*, à laquelle il rapporteroit toutes ses sensations, & cette idée, ou plutôt ce sentiment seroit la seule chose qu'il auroit de plus qu'un enfant ordinaire.

Le sort de l'homme est de souffrir dans tous les tems ; le soin même de sa conservation est attaché à la peine. Heureux de ne connoître dans son enfance que des maux physiques ! maux bien moins cruels, bien moins douloureux que les autres, & qui bien plus rarement qu'eux nous font renoncer à la vie. On ne se tue point pour les douleurs de la goûte ; il n'y a guères que celles de l'ame qui produisent le désespoir. Nous plaignons le sort de l'enfance, & c'est le nôtre qu'il faudroit plaindre. Nos plus grands maux nous viennent de nous.

Tant que les hommes se contenterent de leurs cabanes rustiques ; tant qu'ils se bornerent à coudre leurs habits de peaux avec des épines ou des arrêtes, à se parer de plumes & de coquillages, à se peindre le corps de diverses couleurs, à perfectionner ou embellir leurs arcs & leurs fléches, à tailler avec des pierres tranchantes quelques canots de pêcheurs, ou quelques grossiers instrumens de musique ; en un mot, tant qu'ils ne s'appliquerent qu'à des ouvrages qu'un seul pouvoit faire, & qu'à des arts qui n'avoient pas besoin du concours de plusieurs mains, ils vécurent libres, sains, bons & heureux, autant qu'ils pouvoient l'être par leur nature, & continuerent à jouir entre eux des douceurs d'un commerce indépendant : mais dès l'instant qu'un Homme eût besoin du secours d'un autre ; dès qu'on s'apperçut qu'il étoit utile à un seul d'avoir des provisions pour deux, l'égalité disparut, la propriété s'introduisit, le travail devint nécessaire ; & les vastes forêts se changerent en des campagnes riantes, qu'il fallut arroser de la sueur des Hommes, & dans lesquelles on vit bien-tôt l'esclavage & la misere germer & croître avec les moissons.

La métallurgie & l'agriculture furent les deux arts dont l'invention produisit cette grande révolution. Pour le poëte c'est l'or & l'argent ; mais pour le philosophe, ce sont le fer & le bled qui ont civilisé les Hommes, & perdu le genre humain.

Les hommes ne sont point faits pour être entassés en fourmilleres, mais épars sur la terre qu'ils doivent cultiver. Plus ils se rassemblent, plus ils se corrompent. Les infirmités du corps, ainsi que les vices de l'ame, sont l'infaillible effet de ce concours trop nombreux. L'homme est de tous les animaux, celui qui peut le moins vivre en troupeaux. Des Hommes entassés comme des moutons périroient tous en très-peu de tems. L'haleine de l'homme est mortelle à ses semblables : cela n'est pas moins vrai au propre, qu'au figuré.

S'il ne s'agissoit que de montrer aux jeunes gens l'Homme par son masque, on n'auroit pas besoin de le leur montrer, ils le verroient toujours de reste ; mais puisque le masque n'est pas l'Homme, & qu'il ne faut pas que son vernis les séduise, leur peignant les Hommes, peignez-les leur tels qu'ils sont, non pas afin qu'ils les haïssent, mais afin qu'ils les plaignent, & ne leur veuillent pas ressembler. C'est, à mon gré, le sentiment le mieux entendu, que l'Homme puisse avoir sur son espéce.

L'Etre suprême a voulu faire en tout honneur à l'espéce humaine ; en donnant à l'Homme des penchans sans mesure, il lui donne en même tems la loi qui les régle, afin qu'il soit libre & se commande à lui-même ; en le livrant à des passions immodérées, il joint à ces passions la raison pour les gouverner : en livrant la femme à des désirs illimités, il joint à ces désirs la pudeur pour les contenir. Pour surcroit, il ajoute encore une récompense actuelle au bon usage de ses facultés, sçavoir le goût qu'on prend aux choses honnêtes lorsqu'on en fait la régle de ses actions.

Les Hommes disent que la vie est courte, & je vois qu'ils s'efforcent de la rendre telle. Ne sçachant pas l'employer, ils se plaignent de la rapidité du tems; & je vois qu'il coule trop lentement à leur gré. Toujours pleins de l'objet auquel ils tendent, ils voyent à regret l'intervalle qui les en sépare; l'un voudroit être à demain, l'autre au mois prochain; l'autre à dix ans de-là; nul ne veut vivre aujourd'hui; nul n'est content de l'heure présente, tous la trouvent trop lente à passer.

Mortels, ne cesserez-vous jamais de calomnier la nature ? Pourquoi vous plaindre que la vie est courte, puisqu'elle ne l'est pas encore assez à votre gré ? S'il est un seul entre vous qui sçache mettre assez de tempérance à ses désirs pour ne jamais souhaiter que le tems s'écoule, celui-là ne l'estimera pas trop courte; vivre & jouir seront pour lui la même chose ; & dût-il mourir jeune, il ne mourra que rassasié de jours.

ÉTUDE DE L'HOMME.

Un cœur droit est le premier organe de la vérité ; celui qui n'a rien senti ne sçait rien apprendre ; il ne fait que flotter d'erreurs en erreurs, il n'acquiert qu'un vain sçavoir & de stériles connoissances, parce que le vrai rapport des choses à l'homme, qui est sa principale science, lui demeure toujours caché. Mais c'est se borner à la premiere moitié de cette science que de ne pas étudier encore les rapports qu'ont les choses entre elles, pour mieux juger de ceux qu'elles ont avec nous. C'est peu de connoître les passions humaines, si l'on n'en sçait apprécier les objets ;

& cette seconde étude ne peut se faire que dans le calme de la méditation.

La jeunesse du sage est le tems de ses expériences, ses passions en sont les instrumens ; mais après avoir appliqué son ame aux objets extérieurs pour les sentir, il la retire au-dedans de lui pour les considérer, les comparer, les connoître.

LIBERTÉ DE L'HOMME.

Nul être matériel n'est actif par lui-même, & moi je le suis. On a beau me disputer cela, je le sens, & ce sentiment qui parle est plus fort que la raison qui le combat. J'ai un corps sur lequel les autres agissent, & qui agit sur eux ; cette action réciproque n'est pas douteuse ; mais ma volonté est indépendante de mes sens, je consens ou je résiste, je succombe ou je suis vainqueur, & je sens parfaitement en moi-même quand je fais ce que j'ai voulu faire, ou quand je ne fais que céder à mes passions. J'ai toujours la puissance de vouloir, non la force d'exécuter. Quand je me livre aux sensations, j'agis selon l'impulsion des objets externes. Quand je me reproche cette foiblesse, je n'écoute que ma volonté; je suis esclave par mes vices, & libre par mes remords; le sentiment de ma liberté ne s'efface en moi que quand je me déprave, & que j'empêche enfin la voix de l'ame de s'élever contre la loi du corps.

GRANDEUR DE L'HOMME.

L'Homme eſt le roi de la terre qu'il habite; car non-ſeulement il dompte tous les animaux, non-ſeulement il diſpoſe des élémens par ſon induſtrie; mais lui ſeul ſur la terre en ſçait diſpoſer, & il s'approprie encore par la contemplation, les aſtres mêmes dont il ne peut approcher. Qu'on me montre un autre animal ſur la terre qui ſçache faire uſage du feu, & qui ſçache admirer le ſoleil. Quoi! je puis obſerver, connoître les êtres & leurs rapports; je puis ſentir ce que c'eſt qu'ordre, beauté, vertu; je puis contempler l'univers, m'élever à la main qui le gouverne; je puis aimer le bien, le faire, & je me comparerois aux bêtes? Ame abjecte, c'eſt ta triſte philoſophie qui te rend semblable à elles ! ou plutôt tu veux en vain t'avilir ; ton génie dépose contre tes principes, ton cœur bienfaisant dément ta doctrine, & l'abus même de tes facultés prouve leur excellence en dépit de toi.

FOIBLESSE DE L'HOMME.

QUAND on dit que l'Homme est foible, que veut-on dire ? Ce mot de foiblesse indique un rapport ; un rapport de l'être auquel on l'applique. Celui dont la force passe les besoins, fut-il un insecte, un ver, est un être fort ; celui dont les besoins passent la force, fut-il un éléphant, un lion ; fut-il un conquérant ; un héros, fut-il un Dieu, c'est un être foible. L'Ange rebelle qui méconnut sa nature, étoit plus foible que l'heureux mortel qui vit en paix selon la sienne. L'Homme est très-fort quand il se contente d'être ce qu'il est : il est très-foible quand il veut s'élever au-dessus de l'humanité. N'allez donc pas vous figurer qu'en étendant vos facultés vous étendez vos forces ; vous les diminuez, au contraire, si votre orgueil s'étend plus qu'elles. Mesurons le rayon de notre sphère, & restons au centre, comme l'insecte au milieu de sa toile : nous nous suffirons toujours à nous-mêmes, & nous n'aurons point à nous plaindre de notre foiblesse ; car nous ne la sentirons jamais.

SAGESSE HUMAINE.

Le grand défaut de la Sagesse Humaine, même de celle qui n'a que la vertu pour objet, est un excès de confiance qui nous fait juger de l'avenir par le présent, & par un moment de la vie entiere. On se sent ferme un instant & l'on compte n'être jamais ébranlé. Plein d'un orgueil que l'expérience confond tous les jours, on croit n'avoir plus à craindre un piége une fois évité. Le modeste langage de la vaillance est, je fus brave un tel jour ; mais celui qui dit, je suis brave, ne sçait ce qu'il sera demain, & tenant pour sienne une valeur qu'il ne s'est pas donnée, il mérite de la perdre au moment de s'en servir.

Que tous nos projets doivent être ridicules,

dicules, que tous nos raisonnemens doivent être insensés devant l'être pour qui les tems n'ont point de succession, ni les lieux de distance ! nous comptons pour rien ce qui est loin de nous, nous ne voyons que ce qui nous touche : quand nous aurons changé de lieu nos jugemens seront tout contraires, & ne seront pas mieux fondés. Nous réglons l'avenir sur ce qui nous convient aujourd'hui, sans sçavoir s'il nous conviendra demain ; nous jugeons de nous comme étant toujours les mêmes, & nous changeons tous les jours. Qui sçait, si nous aimerons ce que nous aimons, si nous voudrons ce que nous voulons, si nous serons ce que nous sommes, si les objets étrangers & les altérations de nos corps n'auront pas autrement modifié nos ames, & si nous ne trouverons pas notre misere dans ce que nous aurons arrangé pour notre bonheur ? Montrez-moi la régle de la sagesse humaine, & je vais la prendre pour guide. Mais si la meilleure leçon est de nous apprendre à nous défier d'elle, recourons à celle qui ne trompe point, & faisons ce qu'elle nous inspire.

HOMME SAUVAGE.

LEs désirs de l'Homme sauvage ne passent pas ses besoins physiques : les seuls biens qu'il connoisse dans l'univers sont la nourriture, une femelle & le repos ; les seuls maux qu'il craigne, sont la douleur & non la mort ; car jamais l'animal ne sçaura ce que c'est que mourir ; & la connoissance de la mort & de ses terreurs, est une des premieres acquisitions que l'Homme ait faites, en s'éloignant de la condition animale.

Seul, oisif, & toujours voisin du danger,

l'Homme sauvage doit aimer à dormir, & avoir le sommeil leger comme les animaux qui pensant peu, dorment, pour ainsi dire, tout le tems qu'ils ne pensent point. Sa propre conservation faisant presque son unique soin, ses facultés les plus exercées doivent être celles qui ont pour objet principal l'attaque & la défense, soit pour subjuguer sa proie, soit pour se garantir d'être celle d'un autre animal : au contraire, les organes qui ne se perfectionnent que par la mollesse, & la sensualité, doivent rester dans un état de grossiereté, qui exclut en lui toute espéce de délicatesse; & ses sens se trouvant partagés sur ce point, il aura le toucher & le goût d'une rudesse extrême, la vue, l'ouie & l'odorat de la plus grande subtilité. Tel est l'état animal en général, & c'est aussi, selon le rapport des voyageurs, celui de la plûpart des peuples sauvages.

Le corps de l'Homme sauvage étant le seul instrument qu'il connoisse, il l'emploie à divers usages, dont, par le défaut d'exercice, les nôtres sont incapables ; & c'est notre industrie qui nous ôte la force & l'agilité que la nécessité oblige d'acquérir. S'il avoit eu une hache, son poignet romproit-il de si fortes branches ? S'il avoit eu une fronde, lanceroit-il de la main une pierre ayant tant de roideur ? S'il avoit eu une échelle, grimperoit-il si légerement sur un arbre ? S'il avoit eu un cheval, seroit-il si vîte à la course ? Laissez à l'Homme civilisé le tems de rassembler toutes ses machines autour de lui ; on ne peut douter qu'il ne surmonte facilement l'Homme sauvage : mais si vous voulez voir un combat plus inégal encore, mettez-les nuds & désarmés vis-à-vis l'un de l'autre ; & vous connoîtrez bien-tôt quel est l'avantage d'avoir sans cesse toutes ses forces à sa disposition, d'être toujours prêt à tout événement, & de se porter, pour ainsi dire, toujours tout entier avec soi.

Il y a deux sortes d'Hommes dont les corps sont dans un exercice continuel, & qui sûrement songent aussi peu les uns que les autres à cultiver leur ame; sçavoir, les paysans & les sauvages. Les premiers sont rustics, grossiers, mal-à-droits, les autres connus par leur grand sens, le sont encore par la subtilité de leur esprit : généralement il n'y a rien de plus lourd qu'un paysan, ni rien de plus fin qu'un sauvage. D'où vient cette différence? C'est que le premier faisant toujours ce qu'on lui commande, ou ce qu'il a vû faire à son pere, ou ce qu'il a fait lui-même dès sa jeunesse, ne va jamais que par routine; & dans sa vie presqu'automate, occupé sans cesse des mêmes travaux, l'habitude & l'obéissance lui tiennent lieu de raison.

Pour le sauvage, c'est autre chose; n'étant attaché à aucun lieu, n'ayant point de tâche prescrite, n'obéissant à personne, sans autre loi que sa volonté, il est forcé de raisonner à chaque action de sa vie; il ne fait pas un mouvement, pas un pas, sans en avoir d'avance envisagé les suites. Ainsi, plus son corps s'exerce, plus son esprit s'éclaire; sa force & sa raison croissent à la fois, & s'étendent l'une par l'autre.

HOMME CIVIL.

Le passage de l'état de nature à l'état civil a produit dans l'Homme un changement très-remarquable, en substituant dans sa conduite la justice à l'instinct, & donnant à ses actions la moralité qui leur manquoit auparavant. C'est alors seulement que la voix du devoir succédant à l'impulsion physique & le droit, à l'appetit, l'Homme, qui jusques-là, n'avoit regardé que lui-même, se voit forcé d'agir sur d'autres principes, & de consulter sa raison avant d'écouter ses penchans. Quoiqu'il se prive dans cet état de plusieurs avantages qu'il tient de la nature, il en regagne de si grands, ses facultés s'exercent & se développent, ses idées s'étendent, ses sentimens s'annoblissent, son ame toute entiere s'éléve à tel point, que si les abus de cette nouvelle condition ne le dégradoient souvent au-dessous de celle dont il est sorti, il devroit benir sans cesse l'instant heureux qui l'en arracha pour jamais, & qui, d'un animal stupide & borné, fit un être intelligent & un homme.

Où est l'Homme de bien qui ne doit rien à son pays ? Quel qu'il soit, il lui doit ce qu'il y a de plus précieux pour l'Homme, la moralité de ses actions & l'amour de la vertu. Né dans le fond d'un bois, il eût vécu plus heureux & plus libre ; mais n'ayant rien à combattre pour suivre ses penchans, il eût été bon sans mérite, il n'eût point été vertueux, & maintenant il sçait l'être malgré ses passions. La seule apparence de l'ordre le porte à le connoître, à l'aimer. Le bien public, qui ne sert que de prétexte aux autres, est pour lui seul un motif réel. Il apprend à se combattre, à se vaincre, à sacrifier son intérêt à l'intérêt commun. Il n'est pas vrai qu'il ne tire aucun profit des loix ; elles lui donnent le courage d'être juste, même parmi les méchans. Il n'est pas vrai qu'elles ne l'ont pas rendu libre, elles lui ont appris à régner sur lui.

Différence de l'Homme Policé & de l'Homme Sauvage.

L'Homme Sauvage & l'Homme Policé, different tellement par le fond du cœur & des inclinations, que ce qui fait le bonheur suprême de l'un, réduiroit l'autre au désespoir. Le premier ne respire que le repos & la liberté, il ne veut que vivre & rester oisif, & l'ataraxie même du stoïcien n'approche pas de sa profonde indifférence pour tout autre objet. Au contraire, le citoyen toujours actif sue, s'agite, se tourmente sans cesse pour chercher des occupations encore plus laborieuses: il travaille jusqu'à la mort, il y court même pour se mettre en état de vivre, ou renonce à la vie pour acquérir l'immortalité. Il fait sa cour aux grands qu'il hait, & aux riches qu'il méprise ; il n'épargne rien pour obtenir l'honneur de les servir ; il se vante orgueilleusement de sa bassesse & de leur protection ; & fier de son esclavage, il parle avec dédain de ceux qui n'ont pas l'honneur de le partager. Quel spectacle pour un Caraïbe que les travaux pénibles & enviés d'un Ministre Européen ! Combien de morts cruelles ne préféreroit pas cet indolent sauvage à l'horreur d'une pareille vie, qui souvent n'est pas même adoucie par le plaisir de bien faire ?

Le Sauvage vit en lui-même, l'homme sociable toujours hors de lui, ne sçait vivre que dans l'opinion des autres ; & c'est, pour ainsi dire, de leur seul jugement qu'il tire le sentiment de sa propre existence.

L'Homme sauvage quand il a dîné, est en paix avec toute la nature, & l'ami de tous ses semblables. S'agit-il quelquefois de disputer son repas, il n'en vient jamais aux coups sans avoir auparavant comparé la difficulté de vaincre avec celle de trouver ailleurs sa subsistance ; & comme l'orgueil ne se mêle pas du combat, il se termine par quelques coups de poing ; le vainqueur mange, le vaincu va chercher fortune, & tout est pacifié. Mais chez l'Homme en société, ce sont bien d'autres affaires ; il s'agit premierement de pourvoir au nécessaire & puis au superflu, ensuite viennent les délices, & puis les immenses richesses, & puis des sujets, & puis des esclaves ; il n'a pas un moment de relâche ; ce qu'il y a de plus singulier, c'est que moins les besoins sont naturels & pressans, plus les passions augmentent, & qui pis est, le pouvoir de les satisfaire, de sorte qu'après de longues prospérités, après avoir englouti bien des tréfors & défolé bien des hommes, mon héros finira par-tout égorger, jufqu'à ce qu'il foit l'unique maître de l'univers. Tel eſt en abrégé le tableau moral, finon de la vie humaine, au moins des prétentions fecretes du cœur de tout homme civilifé.

L'HOMME COMPARÉ A L'ANIMAL.

Je ne vois dans tout animal qu'une machine ingénieufe, à qui la nature a donné des fens pour fe remonter elle-même, & pour fe garantir, jufqu'à un certain point, de tout ce qui tend à la détruire, ou à la déranger. J'apperçois précifément les mêmes chofes dans la machine humaine, avec cette différence que la nature feule fait tout dans les opérations de la bête, au lieu que l'Homme concourt aux siennes, en qualité d'agent libre. L'un choisit ou rejette par instinct, & l'autre par un acte de liberté ; ce qui fait que la bête ne peut s'écarter de la régle qui lui est prescrite, même quand il lui seroit avantageux de le faire, & que l'Homme s'en écarte souvent à son préjudice. C'est ainsi qu'un Pigeon mourroit de faim près d'un bassin rempli de viandes, & un chat sur un tas de fruits, ou de grains, quoique l'un & l'autre put très-bien se nourrir de l'aliment qu'il dédaigne, s'il s'étoit avisé d'en essayer : c'est ainsi que les Hommes dissolus se livrent à des excès, qui leur causent la sievre & la mort; parce que l'esprit déprave les sens, & que la volonté parle encore quand la nature se tait.

Tout animal a des idées, puisqu'il a des sens; il combine même ses idées, jusqu'à un certain point, & l'Homme ne diffère à cet égard de la bête, que du plus au moins. Quelques philosophes ont même avancé qu'il y a plus de différence de tel Homme à tel Homme, que de tel Homme à telle Bête; ce n'est donc pas tant l'entendement qui fait parmi les animaux la distinction spécifique de l'Homme, que sa qualité d'agent libre. La nature commande à tout animal, & la bête obéit. L'Homme éprouve la même impression, mais il se reconnoît libre d'acquiescer, ou de résister; & c'est sur-tout dans la confiance de cette liberté que se montre la spiritualité de son ame: car la physique explique en quelque maniere le méchanisme des sens, & la formation des idées: mais dans la puissance de vouloir, ou plutôt de choisir, & dans le sentiment de cette puissance, on ne trouve que des actes purement spirituels, dont on n'explique rien par les loix de la méchanique.

Mais, quand les difficultés qui environnent toutes ces questions, laisseroient quelque lieu de disputer sur cette différence de l'Homme & de l'Animal, il y a une autre qualité très-spécifique qui les distingue, & sur laquelle il ne peut y avoir de contestation, c'est la faculté de se perfectionner; faculté qui, à l'aide des circonstances, développe successivement toutes les autres, & réside parmi nous tant dans l'espèce, que dans l'individu, au lieu qu'un animal est, au bout de quelques mois, ce qu'il sera toute sa vie, & son espèce, au bout de mille ans, ce qu'elle étoit la premiere année de ces mille ans. Pourquoi l'Homme seul est-il sujet à devenir imbécille ? N'est-ce point qu'il retourne ainsi dans son état primitif, & que, tandis que la bête, qui n'a rien acquis & qui n'a rien non plus à perdre, reste toujours avec son instinct, l'Homme reper-

reperdant par la vieillesse ou d'autres accidens, tout ce que la *perfectibilité* lui lui avoit fait acquérir, retombe ainsi plus bas que la bête même ?

FEMME.

La Femme est faite spécialement pour plaire à l'homme : si l'homme doit lui plaire à son tour, c'est d'une nécessité moins directe : son mérite est dans sa puissance, il plaît par cela seul qu'il est fort. Ce n'est pas ici la loi de l'amour, j'en conviens ; mais c'est celle de la nature, antérieure à l'amour même.

La rigidité des devoirs relatifs des deux sexes n'est, ni peut être la même. Quand la Femme se plaint là-dessus de l'injuste inégalité qu'y met l'homme, elle a tort ; cette inégalité n'est point une institution humaine, ou du moins elle n'est point l'ouvrage du préjugé, mais de la raison : c'est à celui des deux que la nature a chargé du dépôt des enfans d'en répondre à l'autre. Sans doute il n'est permis à personne de violer sa foi, & tout mari infidéle qui prive sa Femme du seul prix des austeres devoirs de son sexe est un homme injuste & barbare : mais la Femme infidelle fait plus; elle dissout la famille, & brise tous les liens de la nature; en donnant à l'homme des enfans qui ne sont pas à lui, elle trahit les uns & les autres, elle joint la perfidie à l'infidélité. J'ai peine à voir quel désordre & quel crime ne tient pas à celui-là. S'il est un état affreux au monde, c'est celui d'un malheureux pere, qui, sans confiance en sa femme, n'ose se livrer aux plus doux sentimens de son cœur, qui doute en embrassant son enfant s'il n'embrasse point l'enfant d'un autre, le gage de son deshonneur, le ravisseur du bien de ses propres enfans. Qu'est-ce alors que la famille, si ce n'est une société d'ennemis secrets qu'une femme coupable arme l'un contre l'autre en les forçant de feindre de s'entre-aimer ?

Les anciens avoient en général un très-grand respect pour les femmes ; mais ils marquoient ce respect en s'abstenant de les exposer au jugement du public, & croyoient honorer leur modestie, en se taisant sur leurs autres vertus. Ils avoient pour maxime que le pays, où les mœurs étoient les plus pures, étoit celui où l'on parloit le moins des Femmes ; & que la Femme la plus honnête étoit celle dont on parloit le moins. C'est sur ce principe qu'un spartiate, entendant un étranger faire de magnifiques éloges d'une dame de sa connoissance, l'interrompit en colere : ne cesseras-tu point lui dit-il, de médire d'une Femme de bien ? De-là, venoit encore que, dans leur comédie, les rolles d'amoureuses & de filles à marier ne représentoient jamais que des esclaves ou des filles publiques. Ils avoient une telle idée de la modestie du sexe, qu'ils auroient cru manquer aux égards qu'ils lui devoient, de mettre une honnête fille sur la scène, seulement en représentation. En un mot, l'image du vice à découvert, les choquoient moins que celle de la pudeur offensée.

Chez nous, au contraire, la Femme la plus estimée est celle qui fait le plus de bruit ; de qui l'on parle le plus ; qu'on voit le plus dans le monde ; chez qui l'on dîne le plus souvent ; qui donne le plus impérieusement le ton ; qui juge, tranche, décide, prononce, assigne aux talens, au mérite, aux vertus, leurs dégrés & leurs places ; & dont les humbles savans mendient le plus bassemen la faveur. Sur la scène, c'est pis encore. Au fond, dans le monde elles ne sçavent rien, quoiqu'elles jugent de tout ; mais au Théâtre, sçavantes du sçavoir des hommes, philosophes, grace aux Auteurs, elles écrasent notre sexe de ses propres talens, & les imbécilles spectateurs vont bonnement apprendre des Femmes ce qu'ils ont pris soin de leur dicter. Tout cela dans le vrai, c'est se moquer d'elles, c'est les taxer d'une vanité puérile ; & je ne doute pas que les plus sages n'en soient indignées. Parcourez la plûpart des piéces modernes : c'est toujours une Femme qui sçait tout, qui apprend tout aux hommes ; c'est toujours la Dame de cour qui fait dire le cathéchisme au petit jean de saintré. Un enfant ne sçauroit se nourrir de son pain, s'il n'est coupé par sa gouvernante. Voilà l'image de ce qui se passe aux nouvelles piéces. La Bonne est sur le Théâtre, & les enfans sont dans le Parterre.

La premiere & la plus importante qualité d'une femme est la douceur. faite pour obéir à un être aussi imparfait que l'homme, souvent si plein de vices, & toujours si plein de défauts, elle doit apprendre de bonne heure à souffrir même l'injustice, & à supporter les torts d'un mari sans se plaindre; ce n'est pas pour lui, c'est pour elle qu'elle doit être douce : l'aigreur & l'opiniâtreté des Femmes ne font jamais qu'augmenter leurs maux & les mauvais procédés des maris ; ils sentent que ce n'est pas avec ces armes-là qu'elles doivent les vaincre. Le Ciel ne les fit point insinuantes & persuasives, pour devenir acariâtres ; il ne les fit point foibles pour être impérieuses ; il ne leur donnât point une voix si douce, pour dire des injures, il ne leur fit point des traits si délicats pour les défigurer par la colere. Quand elles se fâchent, elles s'oublient ; elles ont souvent raison de se plaindre, mais elles ont toujours tort de gronder. Chacun doit garder le ton de son sexe ; un mari trop doux peut rendre une Femme impertinente ; mais, à moins qu'un homme ne soit un monstre, la douceur d'une Femme le raméne, & triomphe de lui tôt ou tard.

La Femme a tout contre elle, nos défauts, sa timidité, sa foiblesse ; elle n'a pour elle que son art & sa beauté. N'est-il pas juste qu'elle cultive l'un & l'autre ? Mais la beauté n'est pas générale ; elle périt par mille accidents ; elle passe avec les années, l'habitude en détruit l'effet. L'esprit seul est la véritable ressource du sexe ; non ce sot esprit auquel on donne tant de prix dans le monde, & qui ne sert à rien pour rendre la vie heureuſe ; mais l'eſprit de ſon état, l'art de tirer parti du nôtre, & de ſe prévaloir de nos propres avantages.

Les Femmes ont la langue flexible ; elles parlent plutôt, plus aiſément & plus agréablement que les hommes ; on les accuſe auſſi de parler davantage : cela doit être, & je changerois volontiers ce reproche en éloge : la bouche & les yeux ont chez elles la même activité, & par la même raiſon. L'homme dit ce qu'il ſçait, la Femme dit ce qui plaît : l'un pour parler a beſoin de connoiſſance, & l'autre de goût ; l'un doit avoir pour objet principal les choſes utiles, l'autre les agréables. Leurs diſcours ne doivent avoir de formes communes que celles de la vérité.

Les Femmes ne ſont pas faites pour courir ; quand elles fuyent, c'eſt pour être atteintes. La courſe n'eſt pas la ſeule choſe qu'elles faſſent mal adroitement ;

tement ; mais c'est la seule qu'elles fassent de mauvaise grace : leurs coudes en arriere & collées contre leur corps leur donnent une attitude risible, & les hauts talons sur lesquels elles sont juchées, les font paroître autant de sauterelles qui voudroient courir sans sauter.

La recherche des vérités abstraites & spéculatives, des principes, des axiomes dans les sciences, tout ce qui tend à généraliser les idées n'est point du ressort des Femmes ; leurs études doivent se rapporter toutes à la pratique ; c'est à elles à faire l'application des principes que l'homme a trouvés, & c'est à elles de faire les observations qui ménent l'homme à l'établissement des principes. Toutes les réflexions des Femmes, en ce qui ne tient pas immédiatement à leurs devoirs, doivent tendre à l'étude des hommes ou aux connoissances agréables qui n'ont que le goût pour objet; car quant aux ouvrages de génie ils passent leur portée; elles n'ont pas, non plus, assez de justesse & d'attention pour réussir aux sciences exactes, & quant aux connoissances physiques, c'est à celui des deux qui est le plus agissant, le plus allant, qui voit le plus d'objets, c'est à celui qui a le plus de force, & qui l'exerce d'avantage, à juger des rapports des êtres sensibles & des loix de la nature. La Femme, qui est foible & qui ne voit rien au-dehors, apprécie & juge les mobiles qu'elle peut mettre en œuvre pour suppléer à sa foiblesse, & ces mobiles sont les passions de l'homme. Sa méchanique à elle est plus forte que la nôtre, tous ses leviers vont ébranler le cœur humain. Tout ce que son sexe ne peut faire par lui-même & qui lui est nécessaire ou agréable, il faut qu'il ait l'art de nous le faire vouloir : il faut donc qu'elle étudie à fond l'esprit de l'homme, non par abstraction l'esprit de l'homme en général, mais l'esprit des hommes qui l'entourent, l'esprit des hommes auxquels elle est assujettie, soit par la loi, soit par l'opinion. Il faut qu'elle apprenne à pénétrer leurs sentimens par leurs discours, par leurs actions, par leurs regards, par leurs gestes. Il faut que par ses discours, par ses actions, par ses regards, par ses gestes, elle sçache leur donner les sentimens qu'il lui plaît, sans même paroître y songer. Ils philosopheront mieux qu'elle sur le cœur humain ; mais elle lira mieux qu'eux dans les cœurs des hommes. C'est aux Femmes à trouver, pour ainsi dire, la morale expérimentale, à nous à la réduire en systême. La Femme a plus d'esprit, & l'homme plus de génie ; la Femme observe, & l'homme raisonne ;

de ce concours réfultent la lumiere la plus claire & la fcience la plus complette que puiffe acquérir de lui-même l'efprit humain, la plus fûre connoiffance, en un mot, de foi & des autres qui foit à la portée de notre efpéce.

Le monde eſt le livre des Femmes; quand elles y lifent mal, c'eſt leur faute, ou quelque paſſion les aveugle.

La raifon des Femmes eſt une raifon pratique qui leur fait trouver très-habilement les moyens d'arriver à une fin connue, mais qui ne leur fait pas trouver cette fin.

Les Femmes ont le jugement plutôt formé que les hommes; étant fur la défenfive prefque dès leur enfance & chargées d'un dépôt difficile à garder, le bien & le mal leur font néceffairement plutôt connus.

Si la raifon d'ordinaire eſt plus foible & s'éteint plutôt chez les Femmes, elle est aussi plutôt formée, comme un frêle tournesol croît & meurt avant un chêne.

La présence d'esprit, la pénétration, les observations fines sont la science des Femmes ; l'habileté de s'en prévaloir est leur talent.

Femmes ! Femmes ! objets chers & funestes, que la nature orna pour notre supplice, qui punissez quand on vous brave, qui poursuivez quand on vous craint, dont la haine & l'amour sont également nuisibles, & qu'on ne peut ni rechercher, ni fuir impunément ! beauté, charme, attrait, simpatie ! être ou chimere inconcevable, abysme de douleurs & de voluptés ! beauté, plus terrible aux mortels que l'élément, où l'on t'a fait naître, malheureux qui se livre à ton calme trompeur ! c'est toi qui produit les tempêtes qui tourmentent le genre humain.

FILLES.

Les Filles doivent être vigilantes & laborieuses ; ce n'est pas tout, elles doivent être gênées de bonne heure. Ce malheur, si c'en est un pour elle, est inséparable de leur sexe, & jamais elles ne s'en délivrent que pour en souffrir de bien plus cruels. Elles seront toutes leurs vies asservies à la gêne la plus continuelle & la plus severe, qui est celle des bienséances : il faut les exercer d'abord à la contrainte, afin qu'elle ne leur coute jamais rien ; à dompter toutes leurs fantaisies pour les soumettre aux volontés d'autrui.

Une petite Fille qui aimera sa mere ou sa mie, travaillera tout le jour à ses côtés sans ennui : le babil seul la dédommagera de toute sa gêne. Mais si celle qui la gouverne lui est insupportable, elle prendra dans le même dégoût tout ce qu'elle fera sous ses yeux. Il est très-difficile que celles qui ne se plaisent pas avec leurs meres, plus qu'avec personne au monde, puissent un jour tourner à bien : mais pour juger de leurs vrais sentimens, il faut les étudier, & non pas se fier à ce qu'elles disent ; car elles sont flatteuses, dissimulées, & sçavent de bonne heure se déguiser.

La premiere chose que remarquent en grandissant les jeunes personnes, c'est que tous les agrémens de la parure ne leur suffisent point, si elles n'en ont qui soient à elles. On ne peut jamais se donner la beauté, & l'on n'est pas si-tôt en état d'acquérir la coquetterie ; mais on peut déjà chercher à donner un tour agréable à ses gestes, un accent flatteur à sa voix, à composer son maintien, à marcher avec légereté, à prendre des attitudes gracieuses & à choisir par-tout ſes avantages. La voix s'étend, s'affermit & prend du timbre ; les bras ſe développent, la démarche s'aſſure, & l'on s'apperçoit que, de quelque maniere qu'on ſoit miſe, il y a un art de ſe faire regarder. Dès-lors il ne s'agit plus ſeulement d'aiguille & d'induſtrie ; de nouveaux talens ſe préſentent, & font déjà ſentir leur utilité.

En France, les Filles vivent dans des couvens, & les femmes courent le monde. Chez les anciens c'étoit tout le contraire : les Filles avoient beaucoup de jeux & de fêtes publiques : les femmes vivoient retirées. Cet uſage étoit plus raiſonnable & maintenoit mieux les mœurs. Une ſorte de coquetterie eſt permiſe aux Filles à marier, s'amuſer eſt leur grande affaire. Les femmes ont d'autres ſoins chez elles, & n'ont plus de maris à chercher ; mais elles ne trouveroient pas leur compte à cette réforme, & malheureusement elles donnent le ton.

Il est indigne d'un homme d'honneur d'abuser de la simplicité d'une jeune Fille, pour usurper en secret les mêmes libertés qu'elle peut souffrir devant tout le monde. Car on sçait ce que la bienséance peut tolérer en public ; mais on ignore où s'arrête dans l'ombre du mystere, celui qui se fait seul juge de ses fantaisies.

Voulez-vous inspirer l'amour des bonnes mœurs aux jeunes personnes ? Sans leur dire incessamment, soyez sages, donnez-leur un grand intérêt à l'être ; faites-leur sentir tout le prix de la sagesse, & vous la leur ferez aimer. Il ne suffit pas de prendre cet intérêt au loin dans l'avenir ; montrez-le leur dans le moment même, dans les relations de leur âge, dans le caractere de leurs Amans. Dépeignez-leur l'homme de bien, l'homme de mérite ; apprenez-leur à le reconnoître, à l'aimer, & à l'aimer pour elles ; prouvez-leur qu'amies, femmes ou maîtresses, cet homme seul peut les rendre heureuses. Amenez la vertu par la raison : faites-leur sentir que l'empire de leur sexe & tous ses avantages ne tiennent pas seulement à sa bonne conduite, à ses mœurs, mais encore à celles des hommes; qu'elles ont peu de prise sur des ames viles & basses, & qu'on ne sçait servir sa maîtresse que comme on sçait servir la vertu. Soyez sûre qu'alors en leur dépeignant les mœurs de nos jours, vous leur en inspirerez un dégoût sincere ; en leur montrant les gens à la mode, vous les leur ferez mépriser, vous ne leur donnerez qu'éloignement pour leurs maximes, aversion pour leurs sentimens, dédain pour leurs vaines galanteries ; vous leur ferez naître une ambition plus noble, telle de régner sur des ames grandes & fortes, celle des femmes de Sparte, qui étoit de commander à des hommes.

Les femmes ne cessent de crier que nous les élevons pour être vaines & coquettes, que nous les amusons sans cesse à des puérilités pour rester plus facilement les maîtres ; elles s'en prennent à nous des défauts que nous leur reprochons. Quelle folie ! & depuis quand sont-ce les hommes qui se mêlent de l'éducation des Filles ? Qui est-ce qui empêche les meres de les élever comme il leur plaît ? Elles n'ont point de colléges : grand malheur ! eh ! plût à Dieu qu'il n'y en eût point pour les garçons, ils seroient plus sensément & plus honnêtement élevés ! force-t-on vos Filles à perdre leur tems en niaiseries ? Leur fait-on malgré elles passer la moitié de leur vie à leur toilette à votre exemple ? Vous empêche-t-on de les instruire & faire instruire à votre gré? Est-ce notre faute si elles nous plaisent quand elles sont belles, si leurs minauderies nous séduisent, si l'art qu'elles apprennent de vous nous attire & nous flatte, si nous aimons à les voir mises avec goût, si nous leur laissons affiler à loisir les armes dont elles nous subjuguent? eh! prenez le parti de les élever comme des hommes; ils y consentiront de bon cœur! plus elles voudront leur ressembler, moins elles les gouverneront; & c'est alors qu'ils seront vraiment les maîtres.

A force d'interdire aux femmes le chant, la danse & tous les amusemens du monde, on les rend maussades, grondeuses, insupportables dans leurs maisons. Pour moi, je voudrois qu'une jeune Angloise cultivât avec autant de soin les talens agréables pour plaire au mari qu'elle aura, qu'une jeune Albanoife les cultive pour le harem d'Ifpahan. Les maris, dira-t-on, ne se soucient point trop de tous ces talens : vraiment je le crois, quand ces talens, loin d'être employés à leur plaire, ne servent que d'amorce pour attirer chez eux de jeunes impudens qui les deshonorent. Mais pensez-vous qu'une femme aimable & sage, ornée de pareils talens, & qui les consacreroit à l'amusement de son mari, n'ajouteroit pas au bonheur de sa vie, & ne l'empêcheroit pas, sortant de son cabinet la tête épuisée, d'aller chercher des récréations hors de chez lui ? Personne n'a-t-il vû d'heureuses familles ainsi réunies, où chacun sçait fournir du sien aux amusemens communs ? Qu'il dise si la confiance & la familiarité qui s'y joint, si l'innocence & la douceur des plaisirs qu'on y goûte, ne rachetent pas bien ce que les plaisirs publics ont de plus bruyant.

SOCIÉTÉ CONJUGALE.

La relation sociale des Sexes est admirable. De cette Société résulte une personne morale, dont la femme est l'œil & l'homme le bras, mais avec une telle dépendance l'un de l'autre, que c'est de l'homme que la femme apprend ce qu'il faut voir, & de la femme, que l'homme apprend ce qu'il faut faire. Si la femme pouvoit remonter aussi-bien que l'homme aux principes, & que l'homme eût aussi-bien qu'elle l'esprit des détails, toujours indépendans l'un de l'autre, ils vivroient dans une discorde éternelle, & leur Société ne pourroit subsister. Mais dans l'harmonie qui régne entre eux, tout tend à la fin commune, on ne sçait lequel met le plus du sien; chacun suit l'impulsion de l'autre ; chacun obéit, & tous deux sont les maîtres.

L'empire de la femme est un empire de douceur, d'adresse & de complaisance ; ses ordres sont des caresses, ses menaces sont des pleurs. Elle doit régner dans la maison comme un Ministre dans l'état, en se faisant commander ce qu'elle veut faire. En ce sens, il est constant que les meilleurs ménages sont ceux où la femme a le plus d'autorité. Mais quand elle méconnoît la voix du chef, qu'elle veut usurper ses droits & commander elle-même, il ne résulte jamais de ce désordre que misère, scandale & deshonneur.

Je ne connois pour les deux Sexes que deux classes réellement distinguées ; l'une de gens qui pensent, l'autre de gens qui ne pensent point, & cette différence vient presque uniquement de l'éducation. Un homme de la premiere de ces deux classes ne doit point s'allier dans l'autre ; car le plus grand charme de la Société manque à la sienne, lorsqu'ayant une femme, il est réduit à penser seul. Les gens qui passent exactement la vie entiere à travailler pour vivre, n'ont d'autre idée que celle de leur travail ou de leur intérêt, & tout leur esprit semble être au bout de leurs bras. Cette ignorance ne nuit ni à la probité ni aux mœurs ; souvent même elle y sert ; souvent on compose avec ses devoirs à force de réfléchir, & l'on finit par mettre un jargon à la place des choses. La conscience est le plus éclairé des philosophes : on n'a pas besoin de sçavoir les offices de Ciceron, pour être homme de bien ; & la femme du monde la plus honnête sçait peut-être le moins ce que c'est que l'honnêté. Mais il n'en est pas moins vrai qu'un esprit cultivé rend seul le commerce agréable,

ble, & c'est une triste chose pour un pere de famille qui se plaît dans sa maison, d'être forcé de s'y renfermer en lui-même, & de ne pouvoir s'y faire entendre à personne.

D'ailleurs, comment une femme qui n'a nulle habitude de réfléchir éleverat-elle ses enfans ? Comment discernera-t-elle ce qui leur convient ? Comment les disposera-t-elle aux vertus qu'elle ne connoît pas, au mérite dont elle n'a nulle idée ? Elle ne sçaura que les flatter ou les menacer, les rendre insolens ou craintifs ; elle en fera des singes maniérés ou d'étourdis poliçons, jamais de bons esprits, ni des enfans aimables.

Il ne convient donc pas à un homme qui a de l'éducation de prendre une femme qui n'en ait point, ni parconséquent dans un rang où l'on ne sçauroit en avoir. Mais j'aimerois encore cent fois mieux une fille simple & grossierement élevée, qu'une fille sçavante & bel esprit qui viendroit établir dans ma maison un tribunal de litterature dont elle se feroit la présidente. Une femme bel esprit est le fléau de son mari, de ses enfans, de ses amis, de ses valets, de tout le monde. De la sublime élevation de son beau génie, elle dédaigne tous ses devoirs de femme, & commence toujours par se faire homme à la maniere de Mademoiselle de l'Enclos. Audehors elle est toujours ridicule & très-justement critiquée, parce qu'on ne peut manquer de l'être aussi-tôt qu'on sort de son état, & qu'on n'est point fait pour celui qu'on veut prendre. Toutes ces femmes à grands talens n'en imposent jamais qu'aux sots. On sçait toujours quel est l'artiste ou l'ami qui tient la plume ou le pinceau quand elles travaillent. On sçait quel est le discret homme de lettres qui leur dicte en secret leurs oracles. Toutes cette charlatanerie est indigne d'une honnête femme. Quand elle auroit de vrais talens, sa prétention les aviliroit. Sa dignité est d'être ignorée; sa gloire est dans l'estime de son mari; ses plaisirs sont dans le bonheur de sa famille.

La grande beauté me paroît plutôt à fuir qu'à rechercher dans le mariage. La beauté s'use promptement par la possession; au bout de six semaines elle n'est plus rien pour le possesseur; mais les dangers durent autant qu'elle. A moins qu'une belle femme ne soit un ange, son mari est le plus malheureux des hommes; & quand elle seroit un ange, comment empêchera-t-elle qu'il ne soit sans cesse entouré d'ennemis? Si l'extrême laideur n'étoit pas dégoutante, je la préférerois à l'extrême beauté; car en peu de tems l'une & l'autre étant nulles pour le mari, la beauté devient un inconvénient & la laideur un avantage : mais la laideur qui produit le dégoût est le plus grand des malheurs ; ce sentiment, loin de s'effacer, augmente sans cesse & se tourne en haine. C'est un enfer qu'un pareil mariage ; il vaudroit mieux être morts qu'unis ainsi.

Désirez en tout la médiocrité, sans en excepter la beauté même. Une figure agréable & prévenante, qui n'inspire pas l'amour, mais la bienveillance, est ce qu'on doit préférer ; elle est sans préjudice pour le mari, & l'avantage en tourne au profit commun. Les graces ne s'usent pas comme la beauté ; elles ont de la vie, elles se renouvellent sans cesse ; & au bout de trente ans de mariage, une honnête femme avec des graces, plaît à son mari comme le premier jour.

La diversité de fortune & d'état s'éclipfe & fe confond dans le mariage, elle ne fait rien au bonheur ; mais celle de caractere & d'humeur demeure, & c'eft par elle qu'on eft heureux ou malheureux. L'enfant qui n'a de régle que l'amour choifit mal, le pere qui n'a de régle que l'opinion choifit plus mal encore.

Peut-on fe faire un fort exclufif dans le mariage ? Les biens, les maux n'y font-ils pas communs malgré qu'on en ait, & les chagrins qu'on fe donne l'un à l'autre ne retombent-ils pas toujours fur celui qui les caufe ?

Y a-t-il au monde un fpectacle auffi touchant, auffi refpectable que celui d'une mere de famille entourée de fes enfans, réglant les travaux de fes domeftiques, procurant à fon mari une vie heureufe, & gouvernant fagement fa maifon ? C'eft-là qu'elle fe montre dans toute la dignité d'une honnête-femme ; & c'est-là qu'elle inspire vraiment du respect, & que la beauté partage avec honneur les hommages rendus à la vertu. Une maison dont la maîtresse est absente est un corps sans ame qui bientôt tombe en corruption ; une femme hors de sa maison perd son plus grand lustre, & dépouillée de ses vrais ornemens, elle se montre avec indécence.

Ce n'est pas seulement l'intérêt des époux, mais la cause commune de tous les hommes que la pureté du mariage ne soit point altérée. Chaque fois que deux époux s'unissent par un nœud solemnel, il intervient un engagement tacite de tout le genre humain, de respecter ce lien sacré, d'honorer en eux l'union conjugale ; & c'est, ce me semble, une raison très-forte contre les mariages clandestins, qui, n'offrant nul signe de cette union, exposent des cœurs innocens à brûler d'une flamme adultere. Le public est en quelque sorte garant d'une convention passée en sa présence, & l'on peut dire que l'honneur d'une femme pudique est sous la protection spéciale de tous les gens de bien. Ainsi quiconque ose la corrompre, pêche premierement, parce qu'il la fait pécher, & qu'on partage toujours les crimes qu'on fait commettre ; il péche encore directement lui-même, parce qu'il viole la foi publique & sacrée du mariage, sans lequel rien ne peut subsister dans l'ordre légitime des choses humaines.

L'amour n'est pas toujours nécessaire pour former un heureux mariage. L'honnêteté, la vertu, de certaines convenances, moins de conditions & d'âges que de caracteres & d'humeurs suffisent entre deux époux ; ce qui n'empêche point qu'il ne résulte de cette union un attachement très-tendre, qui, pour n'être pas précisément de l'amour, n'en est pas moins doux & n'en est que plus durable. L'amour est accompagné d'une inquiétude continuelle de jalousie ou de privation, peu convenable au mariage, qui est un état de jouissance & de paix. On ne s'épouse pas pour penser uniquement l'un à l'autre, mais pour remplir conjointement les devoirs de la vie civile, gouverner prudemment sa maison, bien élever ses enfans. Les Amans ne voyent jamais qu'eux, ne s'occupent incessamment que d'eux, & la seule chose qu'ils sçachent faire, est de s'aimer. Ce n'est pas assez pour des époux qui ont tant d'autres soins à remplir.

Pourquoi les femmes doivent-elles vivre retirées & séparées des hommes? Ferons-nous cette injure au Sexe, de croire

croire que ce soit par des raisons tirées de sa foiblesse, & seulement pour éviter le danger des tentations? Non, ces indignes craintes ne conviennent point à une femme de bien, à une mere de famille sans cesse environnée d'objets qui nourrissent en elle des sentimens d'honneur, & livrée aux plus respectables devoirs de la nature. Ce qui les sépare des hommes, c'est la nature elle-même qui leur prescrit des occupations différentes; c'est cette douce & timide modestie qui, sans songer précisément à la chasteté, en est la plus sûre gardienne; c'est cette réserve attentive & piquante, qui, nourrissant à la fois dans les cœurs des hommes & les désirs & le respect, sert pour ainsi dire de coquetterie à la vertu. Voilà pourquoi les époux mêmes ne sont pas exceptés de la régle. Voilà pourquoi les femmes les plus honnêtes conservent en général le plus d'ascendant sur leurs maris ; parce qu'à l'aide de cette sage & discrette réserve, sans caprice & sans refus, elles sçavent au sein de l'union la plus tendre les maintenir à une certaine distance, & les empêchent de jamais se rassasier d'elles.

Par plusieurs raisons tirées de la nature de la chose, le pere doit commander dans la famille. Premierement, l'autorité ne doit pas être égale entre le pere & la mere ; mais il faut que le gouvernement soit un, & que dans les partages d'avis il y ait une voix prépondérante qui décide. 2°. Quelques légeres qu'on veuille supposer les incommodités particulieres à la femme ; comme elles font toujours pour elle un intervalle d'inaction, c'est une raison suffisante pour l'exclure de cette primauté : car quand la balance est parfaitement égale, une paille suffit pour la faire pencher. De plus, le mari doit avoir inspection sur la conduite de sa femme ; parce qu'il lui importe de s'assurer que les enfans, qu'il est forcé de reconnoître & de nourrir, n'appartiennent pas à d'autres qu'à lui. La femme qui n'a rien de semblable à craindre, n'a pas le même droit sur le mari. 3°. Les enfans doivent obéir au pere, d'abord par nécessité, ensuite par reconnoissance ; après avoir reçu de lui leurs besoins durant la moitié de leur vie, ils doivent consacrer l'autre à pourvoir aux siens. 4°. A l'égard des domestiques, ils lui doivent aussi leurs services en échange de l'entretien qu'il donne ; sauf à rompre le marché dès qu'il cesse de leur convenir.

DEVOIR DES MERES.

Le Devoir des femmes de nourrir leurs enfans n'est pas douteux : mais on dispute si, dans le mépris qu'elles en font, il est égal pour les enfans d'être nourris de leur lait ou d'un autre ? Je tiens cette question, dont les Médecins sont les Juges, pour décidée au souhait des femmes ; & pour moi je penserois bien aussi qu'il vaut mieux que l'enfant suce le lait d'une nourrice en santé, que d'une mere gâtée, s'il avoit quelque nouveau mal à craindre du même sang dont il est formé.

Mais la question doit-elle s'envisager seulement par le côté physique, & l'enfant a-t-il moins besoin des soins d'une mere que de sa mamelle ? D'autres femmes, des bêtes mêmes pourront lui donner le lait qu'elle lui refuse : la sollicitude maternelle ne se supplée point. Celle qui nourrit l'enfant d'un autre au-lieu du sien, est une mauvaise mere; comment sera-t-elle une bonne nourrice ? Elle pourra le devenir, mais lentement, il faudra que l'habitude change la nature ; & l'enfant mal soigné aura le tems de périr cent fois, avant que sa nourrice ait pour lui une tendresse de mere.

De cet avantage même résulte un inconvénient, qui seul devroit ôter à toute femme sensible le courage de faire nourrir son enfant par un autre : c'est celui de partager le droit de mere, ou plutôt de l'aliéner ; de voir son enfant aimer une autre femme, autant & plus qu'elle ; de sentir que la tendresse qu'il conserve pour sa propre mere, est une grace, & que celle qu'il a pour sa mere adoptive est un devoir : car où j'ai trouvé les soins d'une mere, ne dois-je pas l'attachement d'un fils ?

La maniere dont on remédie à cet inconvénient, est d'inspirer aux enfans du mépris pour leur nourrice, en les traitant en véritables servantes. Quand leur service est achevé, on retire l'enfant, ou l'on congédie la nourrice ; à force de la mal recevoir, on la rebute de venir voir son nourrisson. Au bout de quelques années, il ne la voit plus, il ne la connoît plus. La mere qui croit se substituer à elle, & réparer sa négligence par la cruauté, se trompe. Au lieu de faire un tendre fils d'un nourrisson dénaturé, elle l'exerce à l'ingratitude ; elle lui apprend à mépriser un jour celle qui lui donna la vie, comme celle qui l'a nourri de son lait.

Point de mere, point d'enfant. Entr'eux, les devoirs sont réciproques, & s'ils sont mal remplis d'un côté, ils seront négligés de l'autre. L'enfant doit aimer sa mere avant de sçavoir qu'il le doit. Si la voix du sang n'est fortifiée par l'habitude & les soins, elle s'éteint dans les premieres années, & le cœur meurt, pour ainsi dire, avant que de naître. Nous voilà dès le premier pas hors de la nature.

On en sort encore par une route opposée, lorsqu'au lieu de négliger les soins de mere, une femme les porte à l'excès; lorsqu'elle fait de son enfant son idole; qu'elle augmente & nourrit sa foiblesse pout l'empêcher de la sentir, & qu'espérant le soustraire aux loix de la nature, elle écarte de lui des atteintes pénibles, sans songer combien, pour quelques incommodités dont elle le préserve un moment, elle accumule au loin d'accidens & de périls sur sa tête, & combien c'est une précaution barbare de prolonger la foiblesse de l'enfance sous les fatigues des hommes faits. Thetis, pour rendre son fils invulnérable, le plongea, dit la fable, dans l'eau du Styx. Cette allégorie est belle & claire. Les meres cruelles dont je parle font autrement : à force de plonger leurs enfans dans la molesse, elles les préparent à la souffrance, elles ouvrent leurs pores aux maux de toute espéce, dont ils ne manqueront pas d'être la proie étant grands.

Du devoir des meres de nourrir les enfans dépend tout l'ordre moral. Voulez-vous rendre chacun à ses premiers devoirs ; commencez par les meres ; vous serez étonnés des changemens que vous produirez. Tout vient successivement de cette premiere dépravation : tout l'ordre moral s'altere ; le naturel s'éteint dans tous les cœurs ; l'intérieur des maisons prend un air moins vivant ; le spectacle touchant d'une famille naîssante n'attache plus les maris, n'impose plus d'égards aux étrangers ; on respecte moins la mere dont on ne voit pas les enfans ; il n'y a point de résidence dans les familles ; l'habitude ne renforce plus les liens du sang ; il n'y a plus ni peres, ni meres, ni enfans, ni freres, ni sœurs ; tous se connoissent à peine, comment s'aimeroient-ils ? chacun ne songe plus qu'à soi. Quand la maison n'est plus qu'une triste solitude, il faut bien aller s'égayer ailleurs.

Mais que les meres daignent nourrir leurs enfans, les mœurs vont se réformer d'elles-mêmes, les sentimens de la nature se réveiller dans tous les cœurs ; l'état va se repeupler ; ce premier point, ce point seul va tout réunir. L'attrait de la vie domestique est le meilleur contrepoison des mauvaises mœurs. Le tracas des enfans qu'on croit importun devient agréable ; il rend le pere & la mere plus nécessaires, plus chers l'un à l'autre, il resserre entr'eux le lien conjugal. Quand la famille est vivante & animée, les soins domestiques sont la plus chere occupation de la femme & le plus doux amusement du mari. Ainsi, de ce seul abus corrigé, résulteroit bientôt une réforme générale ; bientôt la nature auroit repris tous ses droits. Qu'une fois les femmes redeviennent meres, bientôt les hommes reviendront peres & maris.

DEVOIR DES PERES.

Comme la véritable nourrice de l'enfant est la mere, le véritable précepteur est le pere. Qu'ils s'accordent dans l'ordre de leurs fonctions, ainsi que dans leur système : que des mains de l'un l'enfant passe dans celles de l'autre. Il sera mieux élevé par un pere judicieux & borné, que par le plus habile maître du monde ; car le zèle suppléra mieux au talent, que le talent au zèle.

Un pere quand il engendre & nourrit des enfans ne fait en cela que le tiers de sa tâche. Il doit des hommes à son espéce, il doit à la société des hommes sociables, il doit des citoyens à l'Etat. Tout homme qui peut payer cette triple dette, & ne le fait pas, est coupable & plus coupable, peut-être, quand il la paye à demi. Celui qui ne peut remplir les devoirs de pere, n'a point droit de le devenir. Il n'y a ni pauvreté, ni travaux, ni respect humain qui le dispensent de nourrir ses enfans, & de les élever lui-même. Lecteurs, vous pouvez m'en croire. Je prédis à quiconque a des entrailles, & néglige de si saints devoirs, qu'il versera long-tems sur sa faute, des larmes ameres, & n'en sera jamais consolé.

Mais, que fait cet homme riche, ce pere de famille si affairé, & forcé selon lui, de laisser ses enfans à l'abandon? Il paye un autre homme pour remplir ses soins qui lui sont à charge. Ame vénale ! crois-tu donner à ton fils un autre pere avec de l'argent ? Ne t'y trompe point ; ce n'est pas même un maître que tu lui donnes, c'est un valet. Il en formera bientôt un second.

Un pere qui fentiroit tout le prix d'un bon gouverneur, prendroit le parti de s'en paffer ; car il mettroit plus de peine à l'acquérir, qu'à le devenir lui-même. Veut-il donc fe faire un ami ? Qu'il éleve fon fils pour l'être ; le voilà difpenfé de le chercher ailleurs, & la nature a déjà fait la moitié de l'ouvrage,

ÉDUCATION.

Nous naissons foibles, nous avons besoin de forces : nous naissons dépourvus de tout, nous avons besoin de jugement. Tout ce que nous n'avons pas à notre naissance, & dont nous avons besoin étant grands, nous est donné par l'éducation.

Cette éducation nous vient de la nature, ou des hommes, ou des choses. Le développement interne de nos facultés & de nos organes est l'éducation de la nature : l'usage qu'on nous apprend à faire de ce développement est l'éducation des hommes ; & l'acquis de notre propre expérience sur les objets qui nous affectent, est l'éducation des choses.

Chacun de nous est donc formé par

trois sortes de maîtres. Le disciple, dans lequel leurs diverses leçons se contrarient est mal élevé, & ne sera jamais d'accord avec lui-même : celui dans lequel elles tombent toutes sur les mêmes points, & tendent aux mêmes fins, va seul à son but & va conséquemment. Celui-là seul est bien élevé.

L'éducation de l'enfance est celle qui importe le plus ; & cette premiere éducation appartient incontestablement aux femmes : si l'auteur de la nature eût voulu qu'elle appartînt aux hommes, il leur eût donné du lait pour nourrir les enfans. Parlez donc toujours aux femmes, par préférence dans vos traités d'éducation ; car, outre qu'elles sont à portée d'y veiller de plus près que les hommes & qu'elles y influent toujours d'avantage, le succès les intéresse aussi beaucoup plus, puisque la plûpart des veuves se trouvent presque à la merci

de leurs enfans, & qu'alors ils leur font vivement sentir, en bien ou en mal, l'effet de la maniere dont elles les ont élevés. Les loix, toujours si occupées des biens & si peu des personnes, parce qu'elles ont pour objet la paix & non la vertu, ne donnent pas assez d'autorité aux meres. Cependant leur état est plus sûr que celui des peres; leurs devoirs sont plus pénibles; leurs soins importent plus au bon ordre de la famille; généralement elles ont plus d'attachement pour les enfans. Il y a des occasions où un fils qui manque de respect à son pere, peut, en quelque sorte, être excusé : mais si dans quelque occasion que ce fut, un enfant étoit assez dénaturé pour en manquer à sa mere, à celle qui l'a porté dans son sein, qui l'a nourri de son lait, qui, durant des années, s'est oubliée elle-même, pour ne s'occuper que de lui, on devroit se hâter
d'étouffer

d'étouffer ce misérable, comme un monstre indigne de voir le jour.

Celui d'entre nous qui sçait le mieux supporter les biens & les maux de cette vie est le mieux élevé : d'où il suit que la véritable éducation consiste moins en préceptes qu'en exercices.

Si les hommes naissoient attachés au sol d'un pays, si la même saison duroit toute l'année, si chacun tenoit à sa fortune de maniere à n'en pouvoir jamais changer, la pratique d'éducation établie seroit bonne à certain égard ; l'enfant élevé pour son état, n'en sortant jamais, ne pourroit être exposé aux inconvéniens d'un autre. Mais vû la mobilité des choses humaines ; vû l'esprit inquiet & remuant de ce siécle qui bouleverse tout à chaque génération, peut-on concevoir une méthode plus insensée que d'élever un enfant, comme n'ayant jamais à sortir de sa chambre, comme devant être sans cesse entouré de ses gens? Si le malheureux fait un seul pas sur la terre, s'il descend d'un seul dégré, il est perdu. Ce n'est pas lui apprendre à supporter la peine ; c'est l'exercer à la sentir.

Souvenez-vous toujours que l'esprit d'une bonne institution n'est pas d'enseigner à l'enfant beaucoup de choses, mais de ne laisser jamais entrer dans son cerveau que des idées justes & claires.

La partie la plus essentielle de l'éducation d'un enfant, celle dont il n'est jamais question dans les éducations les plus éloignées, c'est de lui bien faire sentir sa misere, sa foiblesse, sa dépendance, & le pesant joug de la nécessité que la nature impose à l'homme, & cela non-seulement afin qu'il soit sensible à ce qu'on fait pour lui alléger ce joug, mais sur-tout afin qu'il connoisse de bonne heure en quel rang l'a placé la Providence, qu'il ne s'éleve point au-dessus de sa portée, & que rien d'humain ne lui semble étranger à lui.

Appropriez l'éducation de l'homme à l'homme, & non pas à ce qui n'est point lui. Ne voyez-vous pas qu'en travaillant à le former exclusivement pour un état, vous le rendez inutile à tout autre, & que s'il plaît à la fortune, vous n'aurez travaillé qu'à le rendre malheureux.

Mettez toutes les leçons des jeunes gens en actions, plutôt qu'en discours. Qu'ils n'apprennent rien dans les livres de ce que l'expérience peut leur enseigner.

Le pédant & l'instituteur disent à peu près les mêmes choses ; mais le premier les dit à tout propos ; le second ne les dit que quand il est sûr de leur effet.

ENFANS.

Dans le commencement de la vie où la mémoire & l'imagination sont encore inactives, l'enfant n'est attentif qu'à ce qui affecte actuellement ses sens. Ses sensations étant les premiers matériaux de ses connoissances, les lui offrir dans un ordre convenable, c'est préparer sa mémoire à les fournir un jour dans le même ordre à son entendement. mais comme il n'est attentif qu'à ses sensations, il suffit d'abord de lui montrer bien distinctement la liaison de ces mêmes sensations avec les objets qui les causent. Il veut tout toucher, tout manier; ne vous opposez point à cette inquiétude : elle lui suggere un apprentissage très-nécessaire. C'est ainsi qu'il apprend à sentir la chaleur, le froid, la dureté, la molesse, la pésanteur, la légereté des corps, à juger de leur grandeur, de leur figure, & de toutes leurs qualités sensibles, en regardant, palpant, écoutant, sur-tout en comparant la vue au toucher, en estimant à l'œil la sensation qu'ils feroient sous ses doigts.

Ce n'est que par le mouvement, que nous apprenons qu'il y a des choses qui ne sont pas nous ; & ce n'est que par notre propre mouvement que nous acquerons l'idée de l'étendue. C'est parce que l'enfant n'a point cette idée, qu'il tend indifféremment la main pour saisir l'objet qui le touche, ou l'objet qui est à un pas de lui. Cet effort qu'il fait vous paroît un signe d'empire, un ordre qu'il donne à l'objet de s'approcher ou à vous de le lui apporter ; & point du tout, c'est seulement que les mêmes objets qu'il voyoit d'abord dans son cerveau, puis sur ses yeux, il les voit maintenant au bout de ses bras ; & n'imagine d'étendue que celle où il peut atteindre. Ayez donc soin de le promener souvent, de le transporter d'une place à l'autre, de lui faire sentir le changement de lieu, afin de lui apprendre à juger des distances. Quand il commencera de les connoître, alors il faut changer de méthode, & ne le porter que comme il vous plaît ; car si-tôt qu'il n'est plus abusé par les sens, son effort change de cause.

Le mal-aise des besoins s'exprime par des signes, quand le secours d'autrui est nécessaire pour y pourvoir. De-là, les cris des enfans. Ils pleurent beaucoup : cela doit être, puisque toutes leurs sensations sont affectives ; quand elles sont agréables ils en jouissent en silence, quand elles sont pénibles ils le disent dans leur langage, & demandent du soulagement. Or, tant qu'ils sont éveiltés, ils ne peuvent presque rester dans un état d'indifférence; ils dorment ou sont affectés.

Toutes nos langues sont des ouvrages de l'art. On a long-tems cherché s'il y avoit une langue naturelle & commune à tous les hommes : sans doute, il y en a une ; & c'est celle que les enfans parlent avant de sçavoir parler. Cette langue n'est pas articulée, mais elle est accentuée, sonore, intelligible. L'usage des nôtres nous l'a fait négliger au point de l'oublier tout-à-fait. Etudions les enfans, & bientôt nous la rapprendrons auprès d'eux. Les nourrices sont nos maîtres dans cette langue, elles entendent tout ce que disent leurs nourrissons, elles leur répondent, elles ont avec eux des dialogues très-bien suivis, & quoiqu'elles prononcent des mots, ces mots sont parfaitement inutiles, ce n'est point le sens du mot qu'ils entendent, mais l'accent dont il est accompagné.

Au langage de la voix se joint celui du geste non moins énergique. Ce geste n'est pas dans les foibles mains des enfans, il est sur leurs visages. Il est étonnant combien ces physionomies mal formées ont déjà d'expression : leurs traits changent d'un instant à l'autre avec une inconcevable rapidité. Vous voyez le sourire, le désir, l'effroi naître & passer comme autant d'éclairs ; à chaque fois vous croyez voir un autre visage. Ils ont certainement les muscles de la face plus mobiles que nous. En revanche leurs yeux ternes ne disent presque rien. Tel doit être le genre de leurs signes dans un âge où l'on a que des besoins corporels ; l'expression des sensations est dans les grimaces, l'expression des sentimens est dans les regards.

Les

Les premieres pleurs des enfans sont des prieres : si on n'y prend garde, elles deviennent bientôt des ordres ; ils commencent par se faire assister, ils finissent par se faire servir. Ainsi de leur propre foiblesse, d'où vient d'abord le sentiment de leur dépendance, naît ensuite l'idée de l'empire & de la domination ; mais cette idée étant moins excitée par leurs besoins que par nos services, ici commencent à se faire appercevoir les effets moraux dont la cause immédiate n'est pas dans la nature, & l'on voit déjà pourquoi dès ce premier âge, il importe de démêler l'intention secrete que dicte le geste ou le cri.

Quand l'enfant tend la main avec effort sans rien dire, il croit atteindre à l'objet, parce qu'il n'en estime pas la distance ; il est dans l'erreur : mais quand il se plaint & crie en tendant la main, alors il ne s'abuse plus sur la distance, il commande à l'objet de s'approcher, ou à vous de le lui apporter. Dans le premier cas portez-le à l'objet lentement & à petit pas : dans le second, ne faites pas seulement semblant de l'entendre ; plus il criera, moins vous devez l'écouter. Il importe de l'accoutumer de bonne-heure à ne commander, ni aux hommes, car il n'est pas leur maître, ni aux choses, car elles ne l'entendent point. Ainsi, quand un enfant désire quelque chose qu'il voit & qu'on veut lui donner, il vaut mieux porter l'enfant à l'objet que d'apporter l'objet à l'enfant : il tire de cette pratique une conclusion qui est de son âge, & il n'y a point d'autre moyen de la lui suggérer.

Un enfant veut déranger tout ce qu'il voit, il casse, il brise tout ce qu'il peut atteindre, il empoigne un oiseau comme il empoigneroit une pierre, & l'étouffe sans sçavoir ce qu'il fait. Pourquoi cela ? D'abord, la philosophie en va rendre raison par des vices naturels, l'orgueil, l'esprit de domination, l'amour propre, la méchanceté de l'homme ; le sentiment de sa foiblesse, pourra-t-elle ajouter rend l'enfant avide de faire des actes de force, & de se prouver à lui-même son propre pouvoir ? Mais voyez ce vieillard infirme & cassé, ramené par le cercle de la vie humaine à la foiblesse de l'enfance ; non-seulement il reste immobile & paisible, il veut encore que tout y reste autour de lui ; le moindre changement le trouble & l'inquiete, il voudroit voir régner un calme universel. Comment la même impuissance jointe aux mêmes passions produiroit-elle des effets si différens dans les deux âges, si la cause primitive n'étoit changée ? Et où peut-on chercher cette diversité de causes, si ce n'est dans l'état physique des deux individus ? Le principe actif commun à tous deux se développe dans l'un & s'éteint dans l'autre ; l'un se forme & l'autre se détruit, l'un tend à la vie, & l'autre à la mort. L'activité défaillante se concentre dans le cœur du vieillard ; dans celui de l'enfant elle est surabondante & s'étend au-dehors, il se sent, pour ainsi dire, assez de vie pour animer tout ce qui l'environne. Qu'il fasse ou qu'il défasse, il n'importe, il suffit qu'il change l'état des choses, & tout changement est une action. Que s'il semble avoir plus de penchant à détruire, ce n'est point par méchanceté ; c'est que l'action qui forme est toujours lente, & que celle qui détruit, étant plus rapide, convient mieux à sa vivacité.

En même tems que l'Auteur de la nature donne aux enfans ce principe actif, il prend soin qu'il soit peu nuisible, en leur laissant peu de force pour s'y livrer. Mais si-tôt qu'ils peuvent considérer les gens qui les environnent comme des instrumens qu'il dépend d'eux de faire agir, ils s'en servent pour suivre leur penchant, & suppléer à leur propre foiblesse. Voilà comment ils deviennent incommodes, tirans, impérieux, méchans, indomptables; progrès qui ne vient pas d'un esprit naturel de domination, mais qui le leur donne; car il ne faut pas une longue expérience pour sentir combien il est agréable d'agir par les mains d'autrui, & de n'avoir besoin que de remuer la langue pour faire mouvoir l'univers.

En grandissant, on acquiert des forces, on devient moins inquiet, moins remuant, on se renferme davantage en soi-même. L'ame & le corps se mettent, pour ainsi dire, en équilibre, & la nature ne nous demande plus que le mouvement nécessaire à notre conservation.

Mais le désir de commander ne s'éteint pas avec le besoin qui l'a fait naître; l'empire éveille & flatte l'amour propre, & l'habitude la fortifie : ainsi succède la fontaisie au besoin : ainsi prennent leurs premieres racines, les préjugés & l'opinion.

Le principe une fois connu, nous voyons clairement le point où l'on quitte la route de la nature ; voyons ce qu'il faut faire pour s'y maintenir.

Loin d'avoir des forces superflues, les enfans n'en ont pas même de suffisantes pour tout ce que leur demande la nature : il faut donc leur laisser l'usage de toutes celles qu'elle leur donne & dont ils ne sçauroient abuser. Premiere maxime.

Il faut les aider, & suppléer à ce qui leur manque, soit en intelligence, soit en force, dans tout ce qui est du besoin physique. Deuxiéme maxime.

Il faut dans les secours qu'on leur donne se borner uniquement à l'utile réel, sans rien accorder à la fantaisie ou au désir sans raison ; car la fantaisie ne les tourmentera point quand on ne l'aura pas fait naître, attendu qu'elle n'est pas de la nature. Troisiéme maxime.

Il faut étudier avec soin leur langage & leurs signes, afin que dans un âge où ils ne sçavent pas dissimuler, on distingue dans leurs désirs ce qui vient immédiatement de la nature, & ce qui vient de l'opinion. Quatriéme maxime.

Quand les enfans commencent à parler, ils pleurent moins. Ce progrès est naturel ; un langage est substitué à l'autre.

Il est bien étrange que depuis qu'on se mêle d'élever des enfans on n'ait imaginé d'autre instrument pour les conduire que l'émulation, la jalousie, l'envie, la vanité, l'avidité, la vile crainte; toutes les passions les plus dangereuses, les plus promptes à fermenter, & les plus propres à corrompre l'ame, même avant que le corps soit formé. A chaque instruction précoce qu'on veut faire entrer dans leur tête, on plante un vice au fond de leur cœur; d'insensés instituteurs pensent faire des merveilles en les rendant méchants pour leur apprendre ce que c'est que bonté; & puis ils nous disent gravement, tel est l'homme. Oui, tel est l'homme que vous avez fait.

On a essayé tous les instrumens, hors un: le seul précisément qui peut réussir; la liberté bien réglée. Il ne faut point se mêler d'élever un enfant quand on ne sçait pas le conduire où l'on veut par les seuls loix du possible & de l'impossible. La sphère de l'un & de l'autre lui étoit également inconnue, on l'étend, on la resserre autour de lui comme on veut. On l'enchaîne, on le pousse, on le retient avec le seul lien de la nécessité, sans qu'il en murmure : on le rend souple & docile par la seule force des choses, sans qu'aucun vice ait l'occasion de germer en lui : car jamais les passions ne s'animent, tant qu'elles sont de nul effet.

Les premiers mouvemens naturels de l'homme étant de se mesurer avec tout ce qui l'environne, & d'éprouver dans chaque objet qu'il apperçoit toutes les qualités sensibles qui peuvent se rapporter à lui, sa premiere étude est une sorte de physique expérimentale, rélative à sa propre conservation, & dont on le détourne par des études spéculatives, avant qu'il ait reconnu sa place ici bas. Tandis que ses organes délicats & flexibles peuvent s'ajuster aux corps sur lesquels ils doivent agir, tandis que ses sens encore purs sont exempts d'illusions, c'est le tems d'exercer les uns & les autres aux fonctions qui leur sont propres, c'est le tems d'apprendre à connoître les rapports sensibles que les choses ont avec nous. Comme tout ce qui entre dans l'entendement humain y vient par les sens, la premiere raison de l'homme est une raison sensitive; c'est elle qui sert de base à la raison intellectuelle : nos premiers maîtres de philosophie sont nos pieds, nos mains, nos yeux. Substituer des livres à tout cela, ce n'est pas nous apprendre à raisonner[2], c'est nous apprendre à nous servir de la raison d'autrui ; c'est nous apprendre à beaucoup croire, & à ne jamais rien sentir.

Les pensées les plus brillantes peuvent tomber dans le cerveau des enfans, ou plutôt les meilleurs mots dans leur bouche, comme les diamans du plus grand prix sous leurs mains, sans que pour cela ni les penſées, ni les diamans leur appartiennent ; il n'y a point de véritable propriété pour cet âge en aucun genre. Les choſes que dit un enfant ne font pas pour lui ce qu'elles ſont pour nous, il n'y joint pas les mêmes idées. Ces idées, ſi tant eſt qu'il en ait, n'ont dans ſa tête ni ſuite, ni liaiſon ; rien de fixe, rien d'aſſuré dans tout ce qu'il penſe. Examinez votre prétendu prodige. En de certains momens, vous lui trouverez un reſſort d'une extrême activité, une clarté d'eſprit à percer les nues. Le plus ſouvent, ce même eſprit vous paroîtra lâche, moite, & comme environné d'un épais brouillard. Tantôt il vous devance, & tantôt il reſte immobile. Un inſtant, vous diriez c'eſt un génie, & l'inſtant d'après c'eſt un ſot : vous vous tromperiez toujours ; c'eſt un enfant. C'eſt un aiglon qui fend l'air un inſtant, & retombe l'inſtant d'après dans ſon aire.

Des enfans étourdis viennent les hommes vulgaires; je ne sçache point d'observation plus générale & plus certaine que celle-là. Rien n'est plus difficile que de distinguer dans l'enfance la stupidité réelle, de cette apparente & trompeuse stupidité qui est l'annonce des ames fortes. Il paroît d'abord étrange que les deux extrêmes ayent des signes si semblables, & cela doit pourtant être; car dans un âge où l'homme n'a encore nulles véritables idées, toute la différence qui se trouve entre celui qui a du génie & celui qui n'en a pas, est que le dernier n'admet que de fausses idées, & que le premier n'en trouvant que de telles n'en admet aucune; il ressemble donc au stupide, en ce que l'un n'est capable de rien, & que rien ne convient à l'autre. Le seul signe qui peut les distinguer dépend du hazard qui peut offrir au dernier quelque idée à sa portée, au lieu que le premier est toujours le même par tout. Le jeune Caton, durant son enfance, sembloit un imbécille dans la maison. Il étoit taciturne & opiniâtre. Voilà tout le jugement qu'on portoit de lui. Ce ne fut que dans l'anti-chambre de Sylla que son oncle apprit à le connoître. S'il ne fut point entré dans cette anti-chambre, peut-être eût-il passé pour une brute jusqu'à l'âge de raison : si César n'eût point vécu, peut-être eût-on traité de visionnaire ce même Caton, qui pénétra son funeste génie & prévit tous ses projets de si loin. O que ceux qui jugent si précipitamment les enfans sont sujets à se tromper ! ils sont souvent plus enfans qu'eux.

L'apparente facilité d'apprendre est cause de la perte des enfans. On ne voit pas que cette facilité même est la preuve qu'ils n'apprennent rien. Leur cerveau lice & poli, rend comme un miroir les objets qu'on lui présente ; mais rien ne reste, rien ne pénétre. L'enfant retient les mots, les idées se réfléchissent ; ceux qui l'écoutent les entendent, lui seul ne les entend point.

Il faut des observations plus fines qu'on ne pense, pour s'assurer du vrai génie & du vrai goût d'un enfant, qui montre bien plus ses désirs que ses dispositions ; & qu'on juge toujours par les premiers, faute de sçavoir étudier les autres. Je voudrois qu'un homme judicieux nous donnât un traité de l'art d'observer les enfans. Cet art seroit très-important à connoître : les peres & les maîtres n'en ont pas encore les élémens.

A douze ou treize ans les forces de l'enfant se développent bien plus rapidement que ses besoins. Le plus violent, le plus terrible ne s'est pas encore fait sentir à lui ; l'organe même en reste dans l'imperfection, & semble pour en sortir que sa volonté l'y force. Peu sensible aux injures de l'air & des saisons, sa chaleur naissante lui tient lieu d'habit, son appetit lui tient lieu d'assaisonnement ; tout ce qui peut nourrir est bon à son âge ; s'il a sommeil, il s'étend sur la terre & dort ; il se voit par-tout entourré de tout ce qui lui est nécessaire ; aucun besoin imaginaire ne le tourmente ; l'opinion ne peut rien sur lui ; ses désirs ne vont pas plus loin : non-seulement il peut se suffire à lui-même, il a de la force au-delà ce qu'il lui faut ; c'est le seul tems de sa vie où il sera dans ce cas.

Que fera-t-il donc de cet excédent de facultés & de forces qu'il a de trop à présent & qui lui manquera dans un autre âge ? Il tâchera de l'employer à des soins qui lui puissent profiter au besoin. Il jettera, pour ainsi dire, dans l'avenir le superflu de son être actuel : l'enfant robuste fera des provisions pour l'homme foible : mais il n'établira ses magasins ni dans des coffres qu'on peut lui voler, ni dans des granges qui lui sont étrangeres ; pour s'approprier véritablement son acquis, c'est dans ses bras, dans sa tête, c'est dans lui qu'il le logera. Voici donc le tems des travaux, des instructions, des études.

Il ne s'agit point d'enseigner les sciences à l'enfant, mais de lui donner du goût pour les aimer & des méthodes pour les apprendre quand ce goût sera mieux développé.

ADOLESCENCE.

ADOLESCENCE.

Nous naissons pour ainsi dire, en deux fois : l'une pour exister, & l'autre pour vivre; l'une pour l'espéce & l'autre pour le sexe. Ceux qui regardent la femme comme un homme imparfait ont tort, sans doute ; mais l'analogie extérieure est pour eux. Jusqu'à l'âge nubile, les enfans des deux sexes n'ont rien d'apparent qui les distingue ; même visage, même figure, même teint, même voix, tout est égal; les filles sont des enfans, le même nom suffit à des êtres si semblables. Les mâles en qui l'on empêche le développement ultérieur du sexe gardent cette conformité toute leur vie ; ils sont toujours de grands enfans : & les femmes ne perdant point cette même conformité, semblent, à bien des égards, ne jamais être autre chose.

Mais l'homme en général n'est pas fait pour rester toujours dans l'enfance. Il en sort au tems prescrit par la nature, & ce moment de crise, bien qu'assez court, a de longues influences.

Comme le mugissement de la mer précéde de loin la tempête, cette orageuse révolution s'annonce par le murmure des passions naissantes : une fermentation sourde avertit de l'approche du danger. Un changement dans l'humeur, des emportemens fréquens, une continuelle agitation d'esprit, rendent l'enfant presque indisciplinable. Il devient sourd à la voix qui le rendoit docile : C'est un lion dans sa fiévre : il méconnoît son guide, il ne veut plus être gouverné. Aux signes moraux d'une humeur qui s'altere, se joignent des changemens sensibles dans la figu-

e. Sa physionomie se développe & s'empreint d'un caractere ; le coton rare & doux qui croît au bas de ses joues brunit, & prend de la consistance. Sa voix mue, ou plutôt il la perd : il n'est ni enfant ni homme & ne peut prendre le ton d'aucun des deux. Ses yeux, les organes de l'ame, qui n'ont rien dit jusqu'ici, trouvent un langage & de l'expression ; un feu naissant les anime, leurs regards plus vifs ont encore une sainte innocence, mais ils n'ont plus leur premiere imbécillité : il sent déjà qu'ils peuvent trop dire, il commence à sçavoir les baisser & rougir ; il devient sensible avant de sçavoir ce qu'il sent ; il est inquiet sans raison de l'être. Tout cela peut venir lentement & vous laisser du tems encore ; mais si sa vivacité se rend trop impatiente, si son emportement se change en fureur, s'il s'irrite & s'attendrit d'un instant à l'autre, s'il verse des pleurs sans sujets, si, pr[ès] des objets qui commencent à deven[ir] dangereux pour lui, son pouls s'élev[e] & son œil s'enflamme, si la main d'un[e] femme se posant sur la sienne le fait fris[-]sonner, s'il se trouble ou s'intimide au[-]près d'elle : Ulysse, ô sage Ulysse! prends garde à toi ; les outres que t[u] fermois avec tant de soin sont ouver[-]tes : les vens sont déchaînés, ne quitt[e] plus un moment le gouvernail, ou tout est perdu.

La puberté & la puissance du sex[e] sont toujours plus hâtives chez les peu[-]ples instruits & policés, que chez les peuples ignorans & barbares. Les en[-]fans ont une sagacité singuliere pour dé[-]mêler à travers toutes les singeries de la décence, les mauvaises mœurs qu'ell[e] couvre. Le langage épuré qu'on leur dicte, les leçons d'honnêteté qu'on leur donne, le voile du mystere qu'on affect[e] de tendre devant leurs yeux, sont autant d'aiguillons à leur curiosité.

Les instructions de la nature sont tardives & lentes, celles des hommes sont presque toujours prématurées. Dans le premier cas, les sens éveillent l'imagination; dans le second, l'imagination éveille les sens; elle leur donne une activité précoce qui ne peut manquer d'énerver, d'affoiblir d'abord les individus, puis l'espéce même à la longue.

Le premier sentiment dont un jeune homme élevé soigneusement est susceptible n'est pas l'amour, c'est l'amitié. Le premier acte de son imagination naissante est de lui apprendre qu'il a des semblables, & l'espéce l'affecte avant le sexe.

J'ai toujours vu que les jeunes gens corrompus de bonne heure, & livrés aux femmes & à la débauche, étoient inhumains & cruels; la fougue du tempérament les rendoit impatiens, vindicatifs, furieux: leur imagination pleine d'un seul objet, se refusoit à tout le reste; ils ne connoissoient ni pitié, ni miséricorde; ils auroient sacrifié pere, mere & l'univers entiers, au moindre de leurs plaisirs. Au contraire, un jeune homme élevé dans une heureuse simplicité, est porté par les premiers mouvemens de la nature vers les passions tendres & affectueuses : son cœur compatissant s'émeut sur les peines de ses semblables ; il tréfaille d'aise quand il revoit ses camarades, ses yeux sçavent verser des larmes d'attendrissement ; il est sensible à la honte de déplaire, au regret d'avoir offensé. Si l'ardeur d'un sang qui s'enflamme le rend vif, emporté, colere, on voit le moment d'après toute la bonté de son cœur dans l'effusion de son repentir; il pleure, il gémit sur la blessure qu'il a faite, il voudroit au prix de son sang racheter celui qu'il a versé ; tout son emportement s'éteint, toute sa fierté s'humilie devant le sentiment de sa fureur, un mot le désarme ; il pardonne les torts d'autrui d'aussi bon cœur qu'il répare les siens. L'Adolescence n'est l'âge ni de la vengeance, ni de la haine, elle est celui de la commisération, de la clémence, de la générosité. Oui, je le soutiens, & je ne crains point d'être démenti par l'expérience, un enfant qui n'est pas mal né, & qui a conservé jusqu'à vingt ans son innocence, est, à cet âge, le plus généreux, le meilleur, le plus aimant & le plus aimable des hommes.

Introduisez un jeune homme de vingt ans dans le monde ; bien conduit, il sera dans un an plus aimable & plus judicieusement poli, que celui qui y aura été nourri dès son enfance ; car le premier étant capable de sentir les raisons de tous les procédés rélatifs à l'âge, à l'état, au sexe qui constituent cet usage, les peut réduire en principes, & les étendre aux cas non prévus, au lieu que l'autre n'ayant que sa routine pour toute régle, est embarrassé si-tôt qu'on l'en sort. Les jeunes Demoiselles françoises sont toutes élevées dans les couvents jusqu'à ce qu'on les marie. S'apperçoit-on qu'elles ayent peine alors à prendre les manieres qui leur sont si nouvelles, & accusera-t-on les femmes de Paris d'avoir l'air gauche & embarrassé, d'ignorer l'usage du monde, pour n'y avoir pas été mises dès leur enfance? Ce préjugé vient des gens du monde, qui ne connoissant rien de plus important que cette petite science, s'imaginent faussement qu'on ne peut s'y prendre de trop bonne heure pour l'acqué-

rir,

rir. Il est vrai qu'il ne faut pas non plus trop attendre. Quiconque a passé toute sa jeunesse loin du grand monde, y porte le reste de sa vie un air embarrassé, contraint, un propos toujours hors de propos, des manieres lourdes & mal-a-droites, dont l'habitude d'y vivre ne le défait plus, & qui n'acquierent qu'un nouveau ridicule, par l'effort de s'en délivrer.

Que de précautions à prendre avec un jeune homme bien né, avant que de l'exposer au scandale des mœurs du siécle ! ces précautions sont pénibles, mais elles sont indispensables: c'est la négligence en ce point qui perd toute la jeunesse ; c'est par le desordre du premier âge que les hommes dégénerent, & qu'on les voit devenir ce qu'ils sont aujourd'hui. Vils & lâches dans leurs vices mêmes, ils n'ont que de petites ames, parce que leurs corps ufés ont été corrompus de bonne heure; à peine leur reftet-il affez de vie pour fe mouvoir. Leurs fubtiles penfées marquent des efprits fans étoffes, ils ne fçavent rien fentir de grand & de noble; ils n'ont ni fimplicité ni vigueur. Abjects en toutes chofes, & baffement méchans, ils ne font que vains, fripons, faux; ils n'ont pas même affez de courage pour être d'illuftres fcélérats.

Portrait & Caractere d'Emile, ou de l'Eleve de M. Rousseau, à l'âge de dix à douze ans.

Sa figure, son port, sa contenance annoncent l'assurance & le contentement; la santé brille sur son visage; ses pas affermis lui donnent un air de vigueur; son teint délicat encore sans être fade n'a rien d'une mollesse efféminée, l'air & le soleil y ont déjà mis l'empreinte honorable de son sexe; ses muscles encore arrondis commencent à marquer quelques traits d'une physionomie naissante; ses yeux que le feu du sentiment n'anime point encore, ont au moins toute leur sérénité native; de longs chagrins ne les ont point obscurcis, des pleurs sans fin n'ont point silloné ses joues. Voyez dans ses mouvemens prompts, mais sûrs, la vivacité de son âge, la fermeté de l'indépendance, l'expérience des exercices multipliés. Il a l'air ouvert & libre, mais non pas insolent, ni vain; son visage qu'on n'a pas collé sur des livres ne tombe pas sur son estomach : on n'a pas besoin de lui dire, *levez la tête*, la honte ni la crainte ne la lui firent jamais baisser.

Faisons-lui place au milieu de l'assemblée; Messieurs, examinez-le, interrogez-le en toute confiance; ne craignez ni ses importunités, ni son babil, ni ses questions indiscretes. N'ayez pas peur qu'il s'empare de vous, qu'il prétende vous occuper de lui seul, & que vous ne puissiez plus vous en défaire.

N'attendez pas, non plus, de lui des propos agréables, ni qu'il vous dise ce que je lui aurai dicté; n'en attendez que la vérité naïve & simple, sans ornement, sans apprêt, sans vanité. Il vous dira le mal qu'il a fait ou celui qu'il pense, tout aussi librement que le bien, sans s'embarrasser en aucune sorte de l'effet que fera sur vous ce qu'il aura dit; il usera de la parole dans toute la simplicité de sa premiere institution.

L'on aime à bien augurer des enfans, & l'on a toujours regret à ce flux d'inepties qui vient presque toujours renverser les espérances qu'on voudroit tirer de quelque heureuse rencontre, qui par hazard leur tombe sur la langue. Si le mien donne rarement de telles espérances, il ne donnera jamais ce regret; car il ne dit jamais un mot inutile, & ne s'épuise pas sur un babil qu'il sçait qu'on n'écoute point. Ses idées sont bornées, mais nettes; s'il ne sçait rien par cœur, il sçait beaucoup par expérience. S'il lit moins bien qu'un autre enfant dans nos livres, il lit mieux dans celui de la nature; son esprit n'est point dans sa langue, mais dans sa tête; il a moins de mémoire que de jugement; il ne sçait parler qu'un langage, mais il entend ce qu'il dit, & s'il ne dit pas si bien que les autres disent, en revanche il fait mieux qu'ils ne font.

Il ne sçait ce que c'est que routine, usage, habitude; ce qu'il fit hier n'influe point sur ce qu'il fait aujourd'hui : il ne suit jamais de formule, ne céde point à l'autorité ni à l'exemple, & n'agit ni ne parle que comme il lui convient. Ainsi n'attendez pas de lui des discours dictés ni des manieres étudiées, mais toujours l'expression fidéle de ses idées, & la conduite qui naît de ses penchans.

Vous lui trouvez un petit nombre de notions morales qui se rapportent à son état actuel, aucune sur l'état relatif des hommes : & de quoi lui serviroient-elles, puisqu'un enfant n'est pas encore membre actif de la société ? Parlez-lui de liberté, de propriété, de convention même : il peut en sçavoir jusques-là ; il sçait pourquoi ce qui est à lui est à lui, & pourquoi ce qui n'est pas à lui n'est pas à lui. Passé cela, il ne sçait plus rien. Parlez-lui de devoir, d'obéissance, il ne sçait ce que vous voulez dire ; commandez-lui quelque chose, il ne vous entendra pas ; mais dites-lui ; si vous me faisiez tel plaisir, je vous le rendrois dans l'occasion : à l'instant il s'empressera de vous complaire ; car il ne demande pas mieux que d'étendre son domaine, & d'acquérir sur vous des droits qu'il sçait être inviolables. Peut-être même n'est-il pas fâché de tenir une place, de faire nombre, d'être compté pour quelque chose ; mais s'il a ce dernier motif, le voilà déjà sorti de la nature, & vous n'avez pas bien bouché d'avance toutes les portes de la vanité.

De son côté, s'il a besoin de quelque assistance, il la demandera indifféremment au premier qu'il rencontre, il la demanderoit au Roi comme à son laquais : tous les hommes sont encore égaux à ses yeux. Vous voyez à l'air dont il prie, qu'il sent qu'on ne lui doit rien. Il sçait que ce qu'il demande est une grace, il sçait aussi que l'humanité porte à en accorder. Ses expressions sont simples & laconiques. Sa voix, son regard, son geste, sont d'un être également accoutumé à la complaisance & au refus. Ce n'est ni la rempante & servile soumission d'un esclave, ni l'impérieux accent d'un maître ; c'est une modeste confiance en son semblable, c'est la noble & touchante douceur d'un être libre, mais sensible &

foible, qui implore l'affistance d'un être libre, mais fort & bienfaifant. Si vous lui accordez ce qu'il vous demande, il ne vous remerciera pas, mais il fentira qu'il a contracté une dette. Si vous le lui refufez, il ne fe plaindra point, il fçait que cela feroit inutile : il ne fe dira point ; on m'a refufé : mais il fe dira ; cela ne pouvoit pas être ; & on ne fe mutine guères contre la néceffité bien reconnue.

Laiffez-le feul en liberté, voyez-le agir fans lui rien dire ; confidérez ce qu'il fera & comme il s'y prendra. N'ayant pas befoin de fe prouver qu'il eft libre, il ne fait jamais rien par étourderie, & feulement pour faire un acte de pouvoir fur lui-même ; ne fçait-il pas qu'il eft toujours maître de lui ? Il eft alerte, léger, difpos ; fes mouvemens ont toute la vivacité de fon âge, mais vous n'en voyez pas un qui n'ait une fin. Quoiqu'il veuille faire, il n'entreprendra jamais rien qui soit au-dessus de ses forces, car il les a bien éprouvées & les connoît; ses moyens sont toujours appropriés à ses desseins, & rarement il agira sans être assuré du succès. Il aura l'œil attentif & judicieux; il n'ira pas niaisement interrogeant les autres sur tout ce qu'il voit, mais il l'examinera lui-même, & se fatiguera pour trouver ce qu'il veut apprendre, avant de le demander. S'il tombe dans des embarras imprévus, il se troublera moins qu'un autre; s'il y a du risque il s'effrayera moins aussi. Comme son imagination reste encore inactive & qu'on n'a rien fait pour l'animer, il ne voit que ce qui est, n'estime les dangers que ce qu'ils valent, & garde toujours son sang-froid. La nécessité s'appesantit trop souvent sur lui pour qu'il regimbe encore contre elle; il en porte le joug dès sa naissance, l'y voilà bien accoutumé ; il est toujours prêt à tout.

Qu'il s'occupe ou qu'il s'amuse, l'un & l'autre est égal pour lui, ses jeux sont ses occupations, il n'y sent point de différence. Il met à tout ce qu'il fait un intérêt qui fait rire, & une liberté qui plaît, en montrant à la fois le tour de son esprit & la sphère de ses connoissances. N'est-ce pas le spectacle de cet âge, un spectacle charmant & doux de voir un joli enfant, l'œil vif & gai, l'air content & serein, la physionomie ouverte & riante, faire en se jouant les choses les plus sérieuses, ou profondément occupé des plus frivoles amusemens ?

Voulez-vous à présent le juger par comparaison ? Mêlez-le avec d'autres enfans, & laissez-le faire. Vous verrez bientôt lequel est le plus vraiment formé, lequel approche le mieux de la persection de leur âge. Parmi les enfans de la ville, nul n'est plus adroit que lui, mais il est plus fort qu'aucun autre. Parmi de jeunes paysans, il les égale en force, & les passe en adresse. Dans tout ce qui est à portée de l'enfance, il juge, il raisonne, il prévoit mieux qu'eux tous. Est-il question d'agir, de courir, de sauter, d'ébranler des corps, d'enlever des masses, d'estimer des distances, d'inventer des jeux, d'emporter des prix? On diroit que la nature est à ses ordres, tant il sçait aisément plier toutes choses à ses volontés. Il est fait pour guider, pour gouverner ses égaux : le talent, l'expérience lui tiennent lieu de droit & d'autorité. Donnez-lui l'habit & le nom qu'il vous plaira, peu importe; il primera par-tout, il deviendra par-tout le chef des autres; ils sentiront toujours sa supériorité sur eux. Sans vouloir commander il sera le maître, sans croire obéir ils obéiront,

Il est parvenu à la maturité de l'enfance, il a vécu de la vie d'un enfant, il n'a point acheté sa perfection aux dépens de son bonheur : Au contraire, ils ont concouru l'un à l'autre. En acquérant toute la raison de son âge, il a été heureux & libre autant que sa constitution lui permet de l'être. Si la fatale faux vient moissonner en lui la fleur de nos espérances, nous n'avons point à pleurer à la fois sa vie & sa mort, nous n'aigrirons pas nos douleurs du souvenir de celles que nous lui aurons causées ; nous nous dirons ; au moins il a joui de son enfance ; nous ne lui avons rien fait perdre de ce que la nature lui avoit donné.

Portrait & Caractere du même Eleve dans un âge plus avancé ; de son entrée dans le monde, & comment il s'y comporte.

DANS quelque rang qu'il puisse être né, dans quelque société qu'il commence à s'introduire, son début sera simple & sans éclat ; à Dieu ne plaise qu'il soit assez malheureux pour y briller : les qualités qui frappent au premier coup d'œil ne sont pas les siennes, il ne les a ni les veut avoir. Il met trop peu le prix aux jugemens des hommes pour en mettre à leurs préjugés, & ne se soucie point qu'on l'estime avant que de le connoître. Sa maniere de se présenter n'est ni modeste, ni vaine, elle est naturelle & vraie ; il ne connoît ni gêne, ni déguisement, & il est au milieu d'un cercle, ce qu'il est seul & sans témoin. Sera-t-il pour cela grossier, dédaigneux, sans attention pour personne ? Tout au contraire, si seul il ne compte pas pour rien les autres hommes, pourquoi les compteroit-il pour rien vivant avec eux ? Il ne les préfere point à lui dans ses manieres, parce qu'il ne les préfere point à lui dans son cœur ; mais il ne montre pas, non plus, une indifférence qu'il est bien éloigné d'avoir : s'il n'a pas les formules de la politesse, il a les soins de l'humanité. Il n'aime à voir souffrir personne, il n'offrira pas sa place à un autre par simagrée, mais il la lui cédera volontiers par bonté, si, le voyant oublié, il juge que cet oubli le mortifie ; car il en coutera moins à mon jeune homme de rester de bout volontairement, que de voir l'autre y rester par force.

Quoiqu'en général Emile n'estime pas les hommes, il ne leur montrera point de mépris, parce qu'il les plaint & s'attendrit sur eux. Ne pouvant leur donner le goût des biens réels, il leur laisse les biens de l'opinion dont ils se contentent, de peur que les leur ôtant à pure perte, il ne les rendît plus malheureux qu'auparavant. Il n'est donc pas disputeur, ni contredisant; il n'est pas, non plus, complaisant & flatteur; il dit son avis sans combattre celui de personne, parce qu'il aime la liberté par-dessus toute chose, & que la franchise en est un des plus beaux droits. Il parle peu parce qu'il ne se soucie guères qu'on s'occupe de lui; par la même raison, il ne dit que des choses utiles; autrement, qu'est-ce qui l'engageroit à parler ? Emile est trop instruit pour être jamais babillard.

Loin de choquer les manieres des
autres,

autres, Emile s'y conforme affez volontiers, non pour paroître inftruit des ufages, ni pour affecter les airs d'un homme poli, mais au contraire, de peur qu'on ne le diftingue, pour éviter d'être apperçu; & jamais il n'eft plus à fon aife, que quand on ne prend pas garde à lui.

Quoi qu'entrant dans le monde, il en ignore abfolument les manieres: il n'eft pas pour cela timide & craintif; s'il fe dérobe, ce n'eft point par embarras, c'eft que pour bien voir il faut n'être pas vu: car ce qu'on penfe de lui, ne l'inquiete guères, & le ridicule ne lui fait pas la moindre peur. Cela fait qu'étant toujours tranquille & de fang froid, il ne fe trouble point par la mauvaife honte. Soit qu'on le regarde ou non, il fait toujours de fon mieux ce qu'il fait; & toujours tout à lui pour bien obferver les autres, il faifit les ufages avec une aisance que ne peuvent avoir les esclaves de l'opinion. On peut dire qu'il prend plutôt l'usage du monde, précisément parce qu'il en fait peu de cas.

Ne vous trompez pas, cependant, sur sa contenance, & n'allez pas la comparer à celle de vos jeunes agréables. Il est ferme, & non suffisant, ses manieres sont libres & non dédaigneuses : l'air insolent n'appartient qu'aux esclaves, l'indépendance n'a rien d'affecté.

Quand on aime on veut être aimé; Emile aime les hommes, il veut donc leur plaire. A plus forte raison, il veut plaire aux femmes. Son âge, ses mœurs, son projet de trouver une compagne estimable, tout concourt à nourir en lui ce désir. Je dis ses mœurs, car elles y font beaucoup ; les hommes qui en ont, sont les vrais adorateurs des femmes. Ils n'ont pas comme les autres, je ne sçais quel jargon moqueur de galanterie, mais ils ont un empressement plus vrai, plus tendre & qui part du cœur. Je connoîtrois près d'une jeune femme un homme qui a des mœurs & qui commande à la nature, entre cent mille débauchés. Jugez de ce que doit être Emile avec un tempérament tout neuf, & tant de raisons d'y rester! pour auprès d'elles, je crois qu'il sera quelquefois timide & embarrassé; mais sûrement cet embarras ne leur déplaira pas, & les moins friponnes n'auront encore que trop souvent l'art d'en jouir & de l'augmenter. Au reste, son empressement changera sensiblement de forme selon les états. Il sera plus modeste & plus respectueux pour les femmes, plus vif & plus tendre auprès des filles à marier.

Personne ne sera plus exacte à tous les égards fondés sur l'ordre de la nature, & même sur le bon ordre de la société ; mais les premiers seront toujours préférés aux autres, & il respectera d'avantage un particulier plus vieux que lui, qu'un magistrat de son âge. Etant donc, pour l'ordinaire, un des plus jeunes des sociétés, où il se trouvera, il sera toujours un des plus modestes, non par la vanité de paroître humble, mais par un sentiment naturel & fondé sur la raison. Il n'aura point l'impertinent sçavoir vivre d'un jeune fat, qui, pour amuser la compagnie, parle plus haut que les sages, & coupe la parole aux anciens : il n'autorisera point, pour sa part, la réponse d'un vieux Gentilhomme à LOUIS XV, qui lui demandoit lequel il préféroit de son siécle, ou de celui-ci : *Sire, j'ai passé ma jeunesse à respecter les vieillards, & il faut que je passe ma vieillesse à respecter les enfans.*

Ayant une ame tendre & sensible, mais n'appréciant rien sur le taux de l'opinion, quoiqu'il aime à plaire aux autres, il se souciera peu d'en être considéré. D'où il suit qu'il sera plus affectueux que poli, qu'il n'aura jamais d'airs ni de faste, & qu'il sera plus touché d'une caresse, que de mille éloges. Par les mêmes raisons, il ne négligera ni ses manieres, ni son maintien, il pourra même avoir quelque recherche dans sa parure, non pour paroître un homme de goût, mais pour rendre sa figure plus agréable.

Aimant les hommes parce qu'ils sont ses semblables, il aimera sur-tout ceux qui lui ressemblent le plus, parce qu'il se sentira bon, & jugeant de cette ressemblance par la conformité des goûts dans les choses morales, dans tout ce qui tient au bon caractere, il sera fort aisé d'être approuvé. Il ne se dira pas précisément, je me réjouis parce qu'on m'approuve; mais, je me réjouis parce qu'on approuve ce que j'ai fait de bien; je me réjouis de ce que les gens qui m'honorent se font honneur; tant qu'ils jugeront aussi sainement, il sera beau d'obtenir leur estime.

Portrait & Caractere de Sophie, *ou de la Compagne future d'*Emile.

Sophie est bien née, elle est d'un ton naturel ; elle a le cœur très sensible, & cette extrême sensibilité lui donne quelquefois une activité d'imagination difficile à modérer. Elle a l'esprit moins juste que pénétrant, l'humeur facile & pourtant inégale, la figure commune, mais agréable ; une physionomie qui promet une ame & qui ne ment pas ; on peut l'aborder avec indifférence, mais non pas la quitter sans émotion. D'autres ont de bonnes qualités qui lui manquent ; d'autres ont à plus grande mesure celles qu'elle a ; mais nulle n'a des qualités mieux assorties pour faire un heureux caractere. Elle sçait tirer parti de ses défauts mêmes, & si elle étoit plus parfaite elle plairoit beaucoup moins.

Sophie n'est pas belle, mais auprès d'elle les hommes oublient les belles femmes, & les belles femmes sont mécontentes d'elles-mêmes. A peine est-elle jolie au premier aspect, mais plus on la voit & plus elle s'embellit ; elle gagne où tant d'autres perdent, & ce qu'elle gagne elle ne le perd plus. On peut avoir de plus beaux yeux, une plus belle bouche, une figure plus imposante ; mais on ne sçauroit avoir une taille mieux prise, un plus beau teint, une main plus blanche, un pied plus mignon, un regard plus doux, une physionomie plus touchante. Sans éblouir, elle intéresse, elle charme, & l'on ne sçauroit dire pourquoi.

Sophie aime la parure & s'y connoît; sa mere n'a point d'autre femme de chambre

chambre qu'elle : elle a beaucoup de goût pour se mettre avec avantage, mais elle hait les riches habillemens; on voit toujours dans le sien la simplicité jointe à l'élégance; elle n'aime point ce qui brille, mais ce qui sied. Elle ignore qu'elles sont les couleurs à la mode, mais elle sçait à merveille celles qui lui sont favorables. Il n'y a pasune jeune personne qui paroisse mise avec moins de recherche, & dont l'ajustement soit plus recherché ; pas une piéce du sien n'est prise au hazard, & l'art ne paroît dans aucune. Sa parure est très-modeste en apparence & très-coquette en effet; elle n'étale pas ses charmes, elle les couvre, mais en les couvrant elle sçait les faire imaginer. En la voyant, on dit : voilà une fille modeste & sage; mais tant qu'on reste auprès d'elle les yeux & le cœur errent sur toute sa personne, sans qu'on puisse les en détacher, & l'on diroit que tout cet ajustement si simple n'est mis à sa place, que pour en être ôté piéce à piéce par l'imagination.

Sophie a des talens naturels ; elle les sent & ne les a pas négligés ; mais n'ayant pas été à portée de mettre beaucoup d'art à leur culture, elle s'est contenté d'exercer sa jolie voix à chanter juste & avec goût, ses petits pieds à marcher légerement, facilement, avec grace, à faire la révérence en toutes sortes de situations sans gêne & sans mal-adresse.

Ce que Sophie sçait le mieux & qu'on lui a fait apprendre avec le plus de soin, ce sont les travaux de son sexe, même ceux dont on ne s'avise point comme de tailler & coudre ses robes. Il n'y a pas un ouvrage à l'aiguille qu'elle ne sçache faire & qu'elle ne fasse avec plaisir ; mais le travail qu'elle préfere à tout autre est la dentelle, parce qu'il n'y en a pas un qui donne un attitude plus agréable, & où les doigts s'exercent avec plus de grace & de légereté. Elle s'est appliquée aussi à tous les détails du ménage. Elle entend la cuisine & l'office ; elle sçait les prix des denrées, elle en connoît les qualités ; elle sçait fort bien tenir les comptes, elle sert de maître d'hôtel à sa mere. Faite pour être un jour mere de famille elle-même, en gouvernant la maison paternelle, elle apprend à gouverner la sienne ; elle peut suppléer aux fonctions des domestiques & le fait toujours volontiers. On ne sçait jamais bien commander que ce qu'on sçait exécuter soi-même : c'est la raison de sa mere pour l'occuper ainsi ; pour Sophie, elle ne va pas si loin. Son premier devoir est celui de fille, & c'est maintenant le seul qu'elle songe à remplir. Son unique vue est de servir sa mere & de la soulager d'une partie de ses soins.

Sophie a l'esprit agréable sans être brillant, & solide sans être profond, un esprit dont on ne dit rien, parce qu'on ne lui en trouve jamais ni plus ni moins qu'à soi. Elle a toujours celui qui plaît aux gens qui lui parlent, quoiqu'il ne soit pas fort orné, selon l'idée que nous avons de la culture de l'esprit des femmes : car le sien ne s'est pas formé par la lecture ; mais seulement par les conversations de son pere & de sa mere, par ses propres réflexions, & par les observations qu'elle a faites dans le peu de monde qu'elle a vû. Sophie a naturellement de la gaité ; elle étoit même folâtre dans son enfance ; mais peu-à-peu sa mere a pris soin de réprimer ses airs évaporés, de peur que bientôt un changement trop subit n'instruisît du moment qui l'avoit rendu nécessaire. Elle est donc devenue modeste & réservée même avant le tems de l'être ; & maintenant que ce tems est venu, il lui est plus aisé de garder le ton qu'elle a pris, qu'il ne lui seroit de le prendre, sans indiquer la raison de ce changement : c'est une chose plaisante de la voir se livrer quelquefois par un reste d'habitude à des vivacités de l'enfance, puis tout d'un coup rentrer en elle-même, se taire, baisser les yeux & rougir : il faut bien que le terme intermédiaire, entre les deux âges, participe un peu de chacun des deux.

Sophie est d'une sensibilité trop grande pour conserver une parfaite égalité d'humeur, mais elle a trop de douceur pour que cette sensibilité soit fort importune aux autres ; c'est à elle seule qu'elle fait du mal. Qu'on dise un seul mot qui la blesse, elle ne boude pas, mais son cœur se gonfle ; elle tâche de s'échapper pour aller pleurer. Qu'au milieu de ses pleurs son pere ou sa mere la rappelle & dise un seul mot, elle vient à l'instant jouer & rire en s'essuyant adroitement les yeux, & tâchant d'étouffer ses sanglots.

Elle n'est pas, non plus, tout-à-fait exempte de caprice. Son humeur, un peu trop poussée, dégénere en mutinerie, & alors elle est sujette à s'oublier. Mais laissez-lui le tems de revenir à elle, & sa maniere d'effacer son tort lui en fera presque un mérite. Si on la punit, elle est docile & soumise, & l'on voit que sa honte ne vient pas tant du châtiment que de la faute. Si on ne lui dit rien, jamais elle ne manque de la réparer d'elle-même, mais si franchement & de si bonne grace, qu'il n'est pas possible d'en garder la rancune. Elle baiseroit la terre devant le dernier domestique, sans que cet abaissement lui fit la moindre peine, & si-tôt qu'elle est pardonnée, sa joie & ses caresses montrent de quel poids son cœur est soulagé. En un mot, elle souffre avec patience les torts des autres, & répare avec plaisir les siens. Tel est l'aimable naturel de son sexe avant que nous l'ayons gâté. La femme est faite pour céder à l'homme & pour supporter même son injustice : vous ne réduirez jamais les jeunes garçons au même point. Le sentiment intérieur s'éleve, & se révolte en eux contre l'injustice ; la nature ne les fit point pour la tolérer.

Sophie a de la religion, mais une religion raisonnable & simple, peu de dogmes & moins de pratiques de dévotion ; ou plutôt, ne connoissant de pratique essentielle que la morale, elle désavoue sa vie entiere à servir Dieu en faisant le bien. Dans toutes les instructions que ses parens lui ont données sur ce sujet, ils l'ont accoutumée à une soumission respectueuse, en lui disant toujours : » Ma fille, ces connoissan- » ces ne sont pas de votre âge ; votre » mari vous en instruira quand il sera » tems. « Du reste, au lieu de longs discours de piété, ils se contentent de la lui prêcher par leur exemple, & cet exemple est gravé dans son cœur.

Sophie aime la vertu ; cet amour est devenu sa passion dominante. Elle l'aime, parce qu'il n'y a rien de si beau que la vertu ; elle l'aime, parce que la vertu fait la gloire de la femme, & qu'une femme vertueuse lui paroît presqu'égale aux anges ; elle l'aime comme la seule route du vrai bonheur, & parce qu'elle ne voit que misere, abandon, malheur, ignominie dans la vie d'une femme deshonnête ; elle l'aime enfin comme chere à son respectable pere, à sa tendre & digne mere ; non contens d'être heureux de leur propre vertu, ils veulent l'être aussi de la sienne, & son premier bonheur à elle-même est l'espoir de faire le leur. Tous ces sentimens lui inspirent un enthousiasme qui lui éleve l'ame, & tient tous ses petits penchans asservis à une passion si noble. Sophie sera chaste & honnête jusqu'à son dernier soupir ; elle l'a juré dans le fond de son ame, & elle l'a juré dans un tems où elle sentoit déjà tout ce qu'un tel serment coute à tenir : elle l'a juré quand elle en auroit dû révoquer l'engagement, si ses sens étoient faits pour régner sur elle.

Sophie n'a pas le bonheur d'être une aimable françoise, froide par tempérament & coquette par vanité, voulant plutôt briller que plaire, cherchant l'amusement & non le plaisir. Le seul besoin d'aimer la dévore, il vient la distraire & troubler son cœur dans les fêtes ; elle a perdu son ancienne gaité ;

les folâtres jeux ne sont plus faits pour elle : loin de craindre l'ennui de la solitude, elle le cherche : elle y pense à celui qui doit la lui rendre douce ; tous les indifférens l'importunent ; il ne lui faut pas une cour, mais un Amant ; elle aime mieux plaire à un seul honnête homme, & lui plaire toujours, que d'élever en sa faveur le cri de la mode qui dure un jour, & le lendemain se change en huée.

Les femmes sont les juges naturels du mérite des hommes, comme ils le sont du mérite des femmes ; cela est de leur droit réciproque, & ni les uns ni les autres ne l'ignorent. Sophie connoît ce droit & en use, mais avec la modestie qui convient à sa jeunesse, à son inexpérience, à son état ; elle ne juge que des choses qui sont à sa portée, & elle n'en juge que quand cela sert à développer quelque maxime utile. Elle ne parle des absens qu'avec la plus grande circonspection, sur-tout si ce sont des femmes. Elle pense que ce qui les rend médisantes & satyriques, est de parler de leur sexe : tant qu'elles se bornent à parler du nôtre, elles ne sont qu'équitables. Sophie s'y borne donc. Quant aux femmes, elle n'en parle jamais que pour en dire le bien qu'elle sçait : c'est un honneur qu'elle croit devoir à son sexe ; & pour celles dont elle ne sçait aucun bien à dire, elle n'en dit rien du tout, & cela s'entend.

Sophie a peu d'usage du monde ; mais elle est obligeante, attentive & met de la grace à tout ce qu'elle fait. Un heureux naturel la sert mieux que beaucoup d'art. Elle a une certaine politesse à elle qui ne tient point aux formules, qui n'est point asservie aux modes, qui ne change point avec elles, qui ne fait rien par usage, mais qui vient d'un vrai désir de plaire, & qui plaît. Elle ne sçait point les complimens triviaux & n'en invente point de plus recherchés; elle ne dit pas qu'elle est très-obligée, qu'on lui fait beaucoup d'honneur, qu'on ne prenne pas la peine, &c. Elle s'avise encore moins de tourner des phrases. Pour une attention, pour une politesse établie, elle répond par une révérence ou par un simple, *je vous remercie*: mais ce mot dit de sa bouche en vaut bien un autre. Pour un vrai service elle laisse parler son cœur, & ce n'est pas un compliment qu'il trouve. Elle n'a jamais souffert que l'usage françois l'asservît au joug des simagrées, comme d'étendre sa main en passant d'une chambre à l'autre sur un bras sexagenaire qu'elle auroit grande envie de soutenir. Quand un galant musqué lui offre cet impertinent service, elle laisse l'officieux bras sur l'escalier & s'élance en deux sauts dans la chambre, en disant qu'elle n'est pas boiteuse. En effet, quoiqu'elle ne soit pas grande, elle n'a jamais voulu de talons hauts : elle a les pieds assez petits pour s'en passer.

Non-seulement elle se tient dans le silence & dans le respect avec les femmes, mais même avec les hommes mariés, ou beaucoup plus âgés qu'elle ; elle n'acceptera jamais de place au-dessus d'eux que par obéissance, & reprendra la sienne au-dessous si-tôt qu'elle le pourra ; car elle sçait que les droits de l'âge vont avant ceux du sexe, comme ayant pour eux le préjugé de la sagesse, qui doit être honorée avant tout.

Avec les jeunes gens de son âge, c'est autre chose ; elle a besoin d'un ton différent pour leur en imposer, & elle sçait le prendre sans quitter l'air modeste qui lui convient. S'ils sont modestes & réservés eux-mêmes, elle gardera volontiers avec eux l'aimable familiarité de la jeunesse ; leurs entretiens pleins d'innocence seront badins, mais décens ; s'ils deviennent sérieux, elle veut qu'ils soient utiles ; s'ils dégénerent en fadeurs, elle les fera bientôt cesser ; car elle méprise sur-tout le petit jargon de la galanterie, comme très-offensant pour son sexe. Elle sçait bien que l'homme qu'elle cherche n'a pas ce jargon-là, & jamais elle ne souffre volontiers d'un autre ce qui ne convient pas à celui dont elle a le caractere empreint au fond du cœur. La haute opinion qu'elle a des droits de son sexe, la fierté d'ame que lui donne la pureté de ses sentimens, cette énergie de la vertu qu'elle sent en elle-même, & qui la rend respectable à ses propres yeux, lui font écouter avec indignation les propos doucereux dont on prétend l'amuser. Elle ne les reçoit point avec ne colere apparente, mais avec un ironique applaudissement qui déconcerte, ou d'un ton froid, auquel on ne s'attend point. Qu'un beau Phebus lui débite ses gentillesses, la loue avec esprit sur le sien, sur sa beauté, sur ses graces, sur le prix du bonheur de lui plaire, elle est fille à l'interrompre en lui disant poliment : » Monsieur, j'ai grand peur de » sçavoir ces choses-là mieux que vous ; » si nous n'avons rien de plus curieux » à dire, je crois que nous pouvons fi- » nir ici l'entretien. « Accompagner ces mots d'une grande révérence, & puis se trouver à vingt pas de lui, n'est pour elle que l'affaire d'un instant. Demandez à vos agréables, s'il est aisé d'étaler son caquet avec un esprit aussi rebours que celui-là.

Ce n'est pas pourtant qu'elle n'aime fort à être louée, pourvu que ce soit tout de bon, & qu'elle puisse croire qu'on pense en effet le bien qu'on lui dit d'elle. Pour paroître touché de son mérite, il faut commencer par en montrer. Un hommage fondé sur l'estime, peut flatter son cœur altier, mais tout galant persiflage est toujours rebuté; Sophie n'est pas faite pour exercer les petits talens d'un baladin.

PENSÉES MORALES.

On ne peut réfléchir sur les mœurs, qu'on ne se plaise à se rappeller l'image de la simplicité des premiers tems. C'est un beau rivage paré des seules mains de la nature, vers lequel on tourne incessamment les yeux, & dont on se sent éloigner à regret.

※

La seule leçon de Morale qui convienne à l'enfance & la plus importante à tout âge, est de ne jamais faire de mal à personne. Le précepte même de faire du bien, s'il n'est subordonné à celui-là, est dangereux, faux, contradictoire. Qui est-ce qui ne fait pas du bien ? Tout le monde en fait, le méchant comme les autres; il fait un heureux aux dépens de cent misérables, & de-là viennent toutes nos calamités. Les plus sublimes vertus font négatives : elles sont aussi les plus difficiles, parce qu'elles font sans ostentation, & au-dessus même de ce plaisir si doux au cœur de l'homme, d'en renvoyer un autre content de nous. O quel bien fait nécessairement à ses semblables celui d'entre eux, s'il en est un, qui ne leur fait jamais de mal ! de quelle intrépidité d'ame, de quelle vigueur de caractere il a besoin pour cela ! ce n'est pas en raisonnant sur cette maxime, c'est en tâchant de la pratiquer, qu'on sent combien il est grand & pénible d'y réussir.

Le précepte de ne jamais nuire à autrui emporte celui de tenir à la société humaine le moins qu'il est possible ; car dans l'état social le bien de l'un fait néessairement le mal de l'autre. Ce rapport est dans l'essence de la chose & rien ne sçauroit le changer; qu'on cherche sur ce principe lequel est le meilleur de l'homme social ou du solitaire. Un auteur illustre dit qu'il n'y a que le méchant qui soit seul; moi je dis qu'il n'y a que le bon qui soit seul, si cette proposition est moins sententieuse, elle est plus vraie & mieux raisonnée que la précédente. Si le méchant étoit seul, quel mal feroit-il ? C'est dans la société qu'il dresse ses machines pour nuire aux autres.

❀

Il faut étudier la société par les hommes, & les hommes par la société: ceux qui voudront traiter séparément la politique & la morale, n'entendront jamais rien à aucune des deux. En s'attachant d'abord aux relations primitives, on voit comment les hommes en doivent être affectés, & quelles passions en doivent naître. On voit que c'est réciproquement par le progrès des passions que ces relations se multiplient & se resserrent. C'est moins la force des bras que la modération des cœurs, qui rend les hommes indépendans & libres. Quiconque désire peu de choses tient à peu de gens ; mais confondant toujours nos vains désirs avec nos besoins physiques, ceux qui ont fait de ces derniers les fondemens de la société humaine, ont toujours pris les effets pour les causes, & n'ont fait que s'égarer dans tous leurs raisonnemens.

❂

C'est l'abus de nos facultés qui nous rend malheureux & méchans. Nos chagrins, nos soucis, nos peines nous viennent de nous. Le mal moral est incontestablement notre ouvrage, & le mal physique ne seroit rien sans nos vices qui nous l'ont rendu sensible.

❀

Homme, ne cherche plus l'auteur du mal ; cet auteur c'est toi-même. Il n'existe point d'autre mal que celui que tu fais ou que tu souffres, & l'un & l'autre te vient de toi. Le mal général ne peut être que dans le désordre, & je vois dans le système du monde un ordre qui ne se dément point. Le mal particulier n'est que dans le sentiment de l'être qui souffre ; & ce sentiment, l'homme ne l'a pas reçu de la Nature, il se l'est donné. La douleur a peu de prise sur quiconque, ayant peu réfléchi, n'a ni souvenir, ni prévoyance. Otez nos funestes progrès, ôtez nos erreurs & nos vices, ôtez l'ouvrage de l'homme, & tout est bien.

S'il existoit un homme assez misérable pour n'avoir rien fait en toute sa vie, dont le souvenir le rendît content de lui-même, & bien-aise d'avoir vécu, cet homme seroit incapable de jamais se connoître, & faute de sentir quelle bonté convient à sa nature, il resteroit méchant par force & seroit éternellement malheureux.

Il n'y a point de connoissance morale qu'on ne puisse acquérir par l'expérience d'autrui ou par la sienne. Dans le cas où cette expérience est dangereuse, au lieu de la faire soi-même, on tire sa leçon de l'histoire.

N'allons pas chercher dans les livres des principes & des régles que nous trouverons plus sûrement au-dedans de nous. Laissons-là toutes ces vaines disputes des Philosophes sur le bonheur & sur la vertu ; employons à nous rendre bons & heureux le tems qu'ils perdent à chercher comment on doit l'être, & proposons-nous de grands exemples à imiter, plutôt que de vains systêmes à suivre.

❂

Celui qui a tâché de vivre de maniere à n'avoir pas besoin de songer à la mort, la voit venir sans effroi. Qui s'en dort dans le sein d'un pere, n'est pas en souci du réveil.

❂

On diroit aux murmures des impatiens mortels, que Dieu leur doit la récompense avant le mérite, & qu'il est obligé de payer leur vertu d'avance. O ! soyons bons premierement, & puis nous ferons heureux. N'exigeons pas le prix avant la victoire, ni le salaire avant le travail. Ce n'est point dans la lice, disoit Plutarque, que les vainqueurs de nos jeux sacrés sont couronnés, c'est après qu'ils l'ont parcourue.

Le premier prix de la justice est de sentir qu'on la pratique.

La paix de l'ame consiste dans le mépris de tout ce qui peut la troubler.

Hommes soyez humains, c'est votre premier devoir : soyez-le pour tous les états, pour tous les âges, pour tout ce qui n'est point étranger à l'homme. Quelle sagesse y a-t-il pour vous hors de l'humanité ?

L'occasion

L'occasion de faire des heureux est plus rare qu'on ne pense : la punition, de l'avoir manquée est de ne la plus retrouver.

Malheur à qui ne sçait pas sacrifier un jour de plaisir aux devoirs de l'humanité.

Ce n'est pas d'argent seulement qu'ont besoin les infortunés, & il n'y a que les paresseux de bien faire qui ne sçachent faire du bien que la bourse à la main.

Quiconque veut être homme en effet doit sçavoir redescendre. L'humanité coule comme une eau pure & salutaire, & va fertiliser les lieux bas, elle cherche toujours le niveau, elle laisse à sec ces roches arides qui menacent la campagne & ne donnent qu'une ombre inutile ou des éclats pour écraser leurs voisins.

❁

Si c'est la raison qui fait l'homme, c'est le sentiment qui le conduit.

❁

Les grandeurs du monde corrompent l'ame, l'indigence l'avilit.

❁

Si la tristesse attendrit l'ame, une profonde affliction l'endurcit.

❁

On perd tout le tems qu'on peut mieux employer.

❁

C'est un second crime de tenir un serment criminel.

Un état permanent est-il fait pour l'homme ? Non, quand on a tout acquis, il faut perdre ; ne fût-ce que le plaisir de la possession, qui s'use par elle.

Les chagrins & les peines peuvent être comptés pour des avantages en ce qu'ils empêchent le cœur de s'endurcir aux malheurs d'autrui. On ne sçait pas quelle douceur, c'est de s'attendrir sur ses propres maux & sur ceux des autres. La sensibilité porte toujours dans l'ame un certain contentement de soi-même indépendant de la fortune & des événemens.

Le pays des chimeres est en ce monde le seul digne d'être habité, & tel est le néant des choses humaines, que hors l'être existant par lui-même, il n'y a rien de beau que ce qui n'est pas.

❁

La pure morale est si chargée de devoirs severs que si on la surcharge encore de formes indifférentes, c'est presque toujours aux dépens de l'essentiel. On dit que c'est le cas de la plûpart des Moines, qui, soumis à mille régles inutiles, ne sçavent ce que c'est qu'honneur & vertu.

❁

Nul ne peut être heureux s'il ne jouit de sa propre estime.

❁

Si la véritable jouissance de l'ame est dans la contemplation du beau, comment le méchant peut-il l'aimer dans autrui, sans être forcé de se haïr lui-même?

Il n'y a d'azyle sûr que celui où l'on peut échapper à la honte & au repentir.

Les mauvaises maximes sont pires que les mauvaises actions. Les passions déréglées inspirent les mauvaises actions; mais les mauvaises maximes corrompent la raison même, & ne laissent plus [de] ressource pour revenir au bien.

L'amour propre est un instrument utile, mais dangereux, souvent il blesse la main qui s'en sert, & fait rarement du bien sans mal.

L'abus du sçavoir produit l'incrédulité. Tout sçavant dédaigne le sentiment vulgaire; chacun en veut avoir un à soi. L'orgueilleuse philosophie mène à l'esprit fort, comme l'aveugle dévotion au fanatisme.

L'intérêt particulier nous trompe; il n'y a que l'espoir du juste qui ne trompe point.

Tel est le sort de l'humanité, la raison nous montre le but, & les passions nous en écartent.

Tout est source de mal au-delà du nécessaire physique. La nature ne nous donne que trop de besoins; & c'est au moins une très-haute imprudence de les multiplier sans nécessité, & mettre ainsi son ame dans une plus grande dépendance.

Le premier pas vers le vice est de mettre du mystère aux actions innocentes, & quiconque aime à se cacher, a tôt ou tard raison de se cacher. Un seul précepte de morale peut tenir lieu de tous les autres; c'est celui-ci: « Ne fais » ni ne dis jamais rien que tu ne veuilles » que tout le monde voye & entende; « & pour moi j'ai toujours regardé comme le plus estimable des hommes ce Romain qui vouloit que sa maison fût construite de maniere qu'on vît tout ce qui s'y faisoit.

❊

C'est le dernier dégré de l'opprobre de perdre avec l'innocence le sentiment qui la faisoit aimer.

❊

Il y a des objets si odieux qu'il n'est pas même permis à l'homme d'honneur de les voir. L'indignation de la vertu ne peut supporter le spectacle du vice.

❊

Le sage observe le désordre public

qu'il ne peut arrêter ; il l'obferve & montre fur fon vifage attrifté la douleur qu'il lui caufe ; mais quant aux défordres particuliers, il s'y oppofe ou détourne les yeux de peur qu'ils ne s'autorifent de fa préfence.

❀

Les illufions de l'orgueil font la fource de nos plus grands maux : mais la contemplation de la mifere humaine rend le fage toujours modéré. Il fe tient à fa place, il ne s'agite point pour en fortir, il n'ufe point inutilement fes forces pour jouir de ce qu'il ne peut conferver, & les employant toutes à bien poffeder ce qu'il a, il eft en effet plus puiffant & plus riche de tout ce qu'il défire de moins que nous. Etre mortel & périffable, irai-je me former des nœuds éternels fur cette terre, où tout change, où tout paffe, & dont je difparoîtrai demain ?

Travailler est un devoir indispensable à l'homme social. Riche ou pauvre, puissant ou foible, tout citoyen oisif est un fripon.

L'homme & le citoyen, quel qu'il soit, n'a d'autre bien à mettre dans la société que lui-même, tous ses autres biens y sont malgré lui ; & quand un homme est riche, ou il ne jouit pas de sa richesse, ou le public en jouit aussi. Dans le premier cas, il vole aux autres ce dont il se prive ; & dans le second, il ne leur donne rien. Ainsi la dette sociale lui reste toute entiere, tant qu'il ne paye que de son bien.

La patience est amer ; mais son fruit est doux.

Il faut une ame saine pour sentir les charmes de la retraite.

Une ame saine peut donner du goût à des occupations communes, comme la santé du corps fait trouver bon les alimens les plus simples.

Quand le cœur s'ouvre aux passions, il s'ouvre a l'ennui de la vie.

L'esprit s'étrécit à mesure que l'ame se corrompt.

Quand l'imagination est une fois salie, tout devient pour elle un sujet de scandale. Quand on n'a plus rien de bon que l'extérieur, on redouble tous ses soins pour le conserver.

Ce sont nos passions qui nous irritent contre celles des autres ; c'est notre inrêt qui nous fait hair les méchans; ils ne nous faisoient aucun mal, nous aurions pour eux plus de pitié que de haine. Le mal que nous font les méchans, nous fait oublier celui qu'ils se font à eux-mêmes. Nous leur pardonnerions plus aisément leurs vices, si nous pouvions connoître combien leur propre cœur les en punit. Nous sentons l'offense, & nous ne voyons pas le châtiment; les avantages sont apparens, la peine est intérieure. Celui qui croit jouir du fruit de ses vices n'est pas moins tourmenté que s'il n'eût point réussi : l'objet est changé, l'inquiétude est la même : ils ont beau montrer leur fortune & cacher leur cœur, leur conduite le montre en dépit d'eux : mais pour le voir il n'en faut pas avoir un semblable.

Les passions que nous partageons

nous séduisent; celles qui choquent nos intérêts nous révoltent, & par une inconséquence qui nous vient d'elles, nous blâmons dans les autres ce que nous voudrions imiter. L'aversion & l'illusion sont inévitables, quand on est forcé de souffrir de la part d'autrui le mal qu'on feroit si l'on étoit à sa place.

PENSÉES DIVERSES.

Les plaisirs exclusifs sont la mort du plaisir.

✸

S'abstenir pour jouir, c'est l'épicuréisme de la raison.

✸

Jamais les cœurs sensibles n'aimerent les plaisirs bruyans, vain & stérile bonheur des gens qui ne sentent rien, & qui croyent qu'étourdir la vie c'est en jouir.

✸

La variété des désirs vient de celle des connoissances, & les premiers plaisirs qu'on connoît sont long-tems les seuls qu'on recherche.

✸

La suprême jouissance est dans le contentement de soi-même.

Les vrais amusemens sont ceux qu'o[n] partage avec le peuple; ceux qu'on veu[t] avoir à soi seul, on ne les a plus.

Le plaisir qu'on veut avoir aux yeu[x] des autres, est perdu pour tout le mon- de; on ne l'a ni pour eux, ni pour soi.

Le ridicule que l'opinion redoute sur toute chose, est toujours à côté d'elle pour la tyranniser & pour la punir. On n'est jamais ridicule que par des formes déterminées; celui qui sçait varier ses situations & ses plaisirs, efface aujour- d'hui l'impression d'hier; il est comme nul dans l'esprit des hommes, mais il jouit; car il est tout entier à chaque heure & à chaque chose.

Changeons de goût avec les années,

ne déplaçons pas plus les âges que les saisons : il faut être soi dans tous les tems, & ne point lutter contre la nature : ces vains efforts usent la vie, & nous empêchent d'en user.

On voit rarement les penseurs se plaire beaucoup au jeu, qui suspend cette habitude ou la tourne sur d'arides combinaisons ; aussi l'un des biens, & peut-être le seul qu'ait produit le goût des sciences, est d'amortir un peu cette passion sordide : on aimera mieux s'exercer à prouver l'utilité du jeu que de s'y livrer.

On n'est curieux qu'à proportion qu'on est instruit.

L'ignorance n'est un obstacle ni au bien ni au mal ; elle est seulement l'état naturel de l'homme.

L'ignorance n'a jamais fait de mal, l'erreur seul est funeste, & on ne s'égare point, parce qu'on ne sçait pas, mais parce qu'on croit sçavoir.

Naturellement l'homme ne pense guères. Penser est un art qu'il apprend comme tous les autres & même plus difficilement.

L'esprit non plus que le corps ne porte que ce qu'il peut porter. Quand l'entendement s'approprie les choses avant de les déposer dans la mémoire, ce qu'il en tire ensuite est à lui. Au lieu qu'en surchargeant la mémoire à son insçu, on s'expose à n'en jamais rien retirer qui lui soit propre.

L'abus des livres tue la science; croyant sçavoir ce qu'on a lû, on se croit dispensé de l'apprendre. Il

Les livres n'apprennent qu'à parler de ce qu'on ne sçait pas.

Rien ne conserve mieux l'habitude de réfléchir que d'être plus content de soi que de sa fortune.

Un sot peut réfléchir quelquefois ; mais ce n'est jamais qu'après la sottise.

Il n'y a qu'un géometre & un sot qui puissent parler sans figure.

C'est peu de chose d'apprendre les langues pour elles-mêmes, leur usage n'est pas si important qu'on croit ; mais l'étude des langues méne à celle de la grammaire générale. Il faut apprendre le latin pour sçavoir le françois, il faut étudier & comparer l'un & l'autre, pour entendre les régles de l'art de parler.

❀

Il n'y a point de vrai progrès de raison dans l'espéce humaine, parce que tout ce qu'on gagne d'un côté, on le perd de l'autre ; que tous les esprits partent toujours du même point, & que le tems qu'on emploie à sçavoir ce que d'autres ont pensé, étant perdu pour apprendre à penser soi-même, on a plus de lumieres acquises & moins de vigueur d'esprit. Nos esprits sont comme nos bras exercés à tout faire avec des outils, & rien par eux-mêmes.

❀

C'est une chose bien commode que la critique ; car où l'on attaque avec un mot, il faut des pages pour se défendre.

❀

Il y a peu de phrases qu'on ne puisse rendre absurdes en les isolant. Cette manœuvre a toujours été le talent des critiques subalternes ou envieux.

✿

Il y a une gentilleſſe de ſtyle, qui, n'étant point naturelle ne vient d'elle-même à perſonne, & marque la prétenſion de celui qui s'en ſert.

✿

Tout obſervateur qui ſe pique d'eſprit eſt ſuſpect. Sans y ſonger il peut ſacrifier la vérité des choſes à l'éclat des penſées, & faire jouer ſa phraſe aux dépens de la juſtice.

✿

Il y a un certain uniſſon d'ames qui s'apperçoit au premier inſtant & qui produit bientôt la familiarité.

✿

Le penſer mâle des ames fortes leur donne un idiome particulier ; & les ames communes n'ont pas la grammaire de cette langue.

✿

La véritable politeſſe conſiſte à marquer de la bienveillance aux hommes.

❊

Le plus lent à promettre est toujours le plus fidele à tenir.

❊

C'est un excellent moyen de bien voir les conséquences des choses que de sentir vivement tous les risques qu'elles nous font courir.

❊

Quelquefois le mystere a sçû tendre son voile au sein de la turbulente joie & du fracas des festins.

❊

Plus le corps est foible, plus il commande ; plus il est fort, plus il obéit. Toutes les passions sensuelles logent dans des corps efféminés ; ils s'en irritent d'autant plus qu'ils peuvent moins les satisfaire.

❊

La gourmandise est le vice des cœurs qui n'ont point d'étoffe.

L'ingratitude seroit plus rare, si les bienfaits à usure étoient moins communs. On aime ce qui nous fait du bien ; c'est un sentiment si naturel ! l'ingratitude n'est pas dans le cœur de l'homme, mais l'intérêt y est : il y a moins d'obligés ingrats, que de bienfaiteurs intéressés. Si vous me vendez vos dons, je marchanderai sur le prix ; mais si vous feignez de donner, pour vendre à votre mot, vous usez de fraude. C'est d'être gratuits qui les rend inestimables.

Le cœur ne reçoit de loix que de lui-même ; en voulant l'enchaîner on le dégage, on l'enchaîne en le laissant libre.

On peut résister à tout hors à la bienveillance, & il n'y a pas de moyen plus sûr d'acquérir l'affection des autres que de leur donner la sienne.

❁

Que ceux qui nous exhortent à faire ce qu'ils disent, & non ce qu'ils font, disent une grande absurdité ! qui ne fait pas ce qu'il dit, ne le dit jamais bien; car le langage du cœur qui touche & persuade y manque.

❁

Les cœurs qu'échauffent un feu céleste trouvent dans leurs propres sentimens une sorte de jouissance pure & délicieuse indépendante de la fortune & du reste de l'univers.

❁

Il n'est pas dans le cœur humain de se mettre à la place des gens qui sont plus heureux que nous, mais seulement de ceux qui sont plus à plaindre.

On ne plaint jamais dans autrui que les maux dont on ne se croit pas exempt soi-même.

✻

Les consolations indiscrettes ne font qu'aigrir les violentes afflictions.

✻

C'est sur-tout la continuité des maux qui rend leur poids insupportable, & l'ame résiste bien plus aisément aux vives douleurs qu'à la tristesse prolongée.

✻

Un cœur malade ne peut guères écouter la raison que par l'organe du sentiment.

✻

Quand l'amour s'est insinué trop avant dans la substance de l'ame, il est bien difficile de l'en chasser ; il en renforce &

pénétre tous les traits comme une eau forte & corrosive.

Le jargon fleuri de la galanterie est beaucoup plus éloigné du sentiment que le ton le plus simple qu'on puisse prendre.

Louer quelqu'un en face, à moins que ce ne soit sa maîtresse, qu'est-ce faire autre chose, sinon le taxer de vanité ?

Tout est plein de ces poltrons adroits qui cherchent, comme on dit, à tâter leur homme ; c'est-à-dire à découvrir quelqu'un qui soit encore plus poltron qu'eux & aux dépens duquel ils puissent se faire valoir.

L'opinion reine du monde n'est point soumise

soumise au pouvoir des Rois ; ils sont eux-mêmes ses premiers esclaves.

Pour ne rien donner à l'opinion, il ne faut rien donner à l'autorité, & la plûpart de nos erreurs nous viennent bien moins de nous que des autres.

Rien ne rend plus insensible à la raillerie que d'être au-dessus de l'opinion.

On ne s'ennuye jamais de son état, quand on n'en connoît point de plus agréable. De tous les hommes du monde, les sauvages sont les moins curieux ; tout leur est indifferent : ils ne jouissent pas des choses, mais d'eux ; ils passent leur vie à ne rien faire, & ne s'ennuyent jamais.

L'homme du monde est tout entier

dans son masque. N'étant presque jamais en lui-même, il y est toujours étranger & mal à son aise, quand il est forcé d'y rentrer. Ce qu'il est n'est rien, ce qu'il paroît est tout pour lui.

❁

L'honnête homme du monde n'est point celui qui fait de bonnes actions, mais celui qui dit de belles choses.

❁

C'est dans les appartemens dorés qu'un écolier va prendre les airs du monde; mais le sage en apprend les mysteres dans la chaumiere du pauvre.

❁

Une des choses qui rendent les prédications les plus inutiles, est qu'on les fait indifféremment à tout le monde, sans discernement & sans choix. Comment peut-on penser que le même sermon convienne à tant d'auditeurs si diversemens disposés, si différens d'esprits, d'humeurs, d'âges, de sexes, d'états & d'opinions ? Il n'y en a peut-être pas deux auxquels ce qu'on dit à tous puisse être convenable ; & toutes nos affections ont si peu de constance, qu'il n'y a peut-être pas deux momens dans la vie de chaque homme, où le même discours fît sur lui la même impression.

✻

Les récompenses sont prodiguées au bel esprit, & la vertu reste sans honneurs. Il y a mille prix pour les beaux discours, aucun pour les belles actions.

✻

Les anciens politiques parloient sans cesse de mœurs & de vertus ; les nôtres ne parlent que de commerce & d'argent.

La liberté n'est dans aucune forme de gouvernement, elle est dans le cœur de l'homme libre, il la porte par-tout avec lui, l'homme vil porte par-tout la servitude.

Etre pauvre sans être libre ; c'est le pire état où l'homme puisse tomber.

Le démon de la propriété infecte tout ce qu'il touche.

Il n'y a point d'association plus commune que celle du faste & de la lézine.

Par-tout où l'on substitue l'utile à l'agréable, l'agréable y gagne presque toujours.

Quiconque jouit de la santé & ne

manque pas du néceſſaire, s'il arrache de ſon cœur les biens de l'opinion eſt aſſez riche : c'eſt *l'aurea mediocritas* d'Horace.

✿

Jamais homme ſans défauts eut-il de grandes vertus ?

✿

Dans le nord les hommes conſomment beaucoup ſur un ſol ingrat ; dans le midi ils conſomment peu ſur un ſol fertile. De-là naît une différence qui rend les uns laborieux, & les autres contemplatifs. La ſociété nous offre en même lieu l'image de ces différences entre les pauvres & les riches. Les premiers habitent le ſol ingrat & les autres le pays fertil.

✿

Je n'ai jamais vû d'homme ayant de la fierté dans l'ame en montrer dans ſon maintien. Cette affectation est bien plus propre aux ames viles & vaines.

❀

Le meilleur mariage expose à des hazards ; & comme une eau pure & calme commence à se troubler aux approches de l'orage, un cœur timide & chaste ne voit point sans quelque allarme le prochain changement de son état.

❀

Une bonne mere s'amuse pour amuser ses enfans, comme la colombe amollit dans son estomac le grain dont elle veut nourrir ses petits.

❀

Il y a de la peine & non du goût à troubler l'ordre de la nature, à lui arracher des productions involontaires qu'elle donne à regret dans sa malédiction, & qui, n'ayant ni qualité, ni saveur, ne peuvent ni nourrir l'estomac, ni flatter le palais. Rien n'est plus insipide que les primeurs ; ce n'est qu'à grands frais que tel riche de Paris avec ses fourneaux & ses serres chaudes vient à bout de n'avoir sur sa table que de mauvais légumes & de mauvais fruits. Si j'avois des cérises quand il gèle, & des melons ambrés au cœur de l'hyver, avec quel plaisir les gouterois je, quand mon palais n'a besoin d'être humecté ni rafraîchi ? Dans les ardeurs de la canicule le lourd maron me seroit-il fort agréable ? Le prefererois-je sortant de la poële, à la groseille, à la fraise, & aux fruits désaltérans qui me sont offerts sur la terre sans tant de soins ? Couvrir sa cheminée au mois de Janvier de végétations forcées, de fleurs pâles & sans odeur, c'est moins parer l'hyver que déparer le printems ; c'est s'ôter le plaisir d'aller dans les bois chercher la premiere violette, épier le premier bourgeon, & s'écrier dans un saisissement de joie ; mortels, vous n'êtes pas abandonnés, la nature vit encore !

❀

Combien d'illustres portes ont des suisses ou portiers qui n'entendent que par gestes, & dont les oreilles sont dans leurs mains ?

❀

La Comédie doit représenter au naturel les mœurs du peuple pour lequel elle est faite, afin qu'il s'y corrige de ses vices & de ses défauts, comme on ôte devant un miroir les taches de son visage.

❀

Le spectacle du monde, disoit Pitagore, ressemble à celui des jeux olympiques. Les uns y tiennent boutique, & ne songent qu'à leur profit ; les autres y payent de leur perſonne, & cherchent la gloire; d'autres ſe contentent de voir les jeux, & ceux-là ne ſont pas les pires.

Les Orientaux, bien que très-voluptueux, ſont tous logés & meublés ſimplement. Ils regardent la vie comme un voyage, & leur maiſon comme un cabaret. Cette raiſon prend peu ſur nous autres riches, qui nous nous arrangeons pour vivre toujours.

La chaſſe endurcit le cœur auſſi-bien que le corps; elle accoutume au ſang, à la cruauté. On a fait Diane ennemie de l'amour, & l'allégorie eſt très-juſte: les langueurs de l'amour ne naiſſent que dans un doux repos; un violent exercice étouffe les ſentimens tendres. Dans les bois, dans les lieux champêtres, l'amant, le chasseur sont si diversement affectés, que sur les mêmes objets ils portent des images toutes différentes. Les ombrages frais, les bocages, les doux azyles du premier, ne sont pour l'autre que des viandis, des forts, des remises: où l'un n'entend que rossignols, que ramages, l'autre se figure les cors, & les cris des chiens ; l'un n'imagine que dryades & nymphes, l'autre piqueurs, meutes & chevaux.

❊

L'abus de la toilette n'est pas ce qu'on pense, il vient bien plus d'ennui que de vanité. Une femme qui passe six heures à sa toilette, n'ignore point qu'elle n'en sort pas mieux mise que celle qui n'y passe qu'une demi-heure ; mais c'est autant de pris sur l'assommante longueur du tems, & il vaut mieux s'amuser de soi que de s'ennuyer de tout.

La langue françoise est dit-on, la plus chaste des langues ; je la crois, moi, la plus obscène : car il me semble que la chasteté d'une langue ne consiste pas à éviter avec soin les tours deshonnêtes, mais à ne les pas avoir. En effet, pour les éviter, il faut qu'on y pense ; & il n'y a point de langue où il soit plus difficile de parler purement en tout sens que la françoise. Le lecteur toujours plus habile à trouver des sens obscènes, que l'auteur à les écarter, se scandalise & s'effarouche de tout. Comment ce qui passe par des oreilles impures ne contracteroit-il pas leur souillure ? Au contraire, un peuple de bonnes mœurs a des termes propres pour toutes choses ; & ces termes sont toujours honnêtes, parce qu'ils sont toujours employés honnêtement.

Consultez le goût des femmes dans les choses physiques, & qui tiennent au jugement des sens; celui des hommes dans les choses morales, & qui dépendent plus de l'entendement. Quand les femmes seront ce qu'elles doivent être, elle se borneront aux choses de leur compétence, & jugeront toujours bien; mais depuis qu'elles se sont établies, les arbitres de la littérature, depuis qu'elles se sont mises à juger les livres, & à en faire à toute force, elles ne se connoissent plus à rien. Les auteurs qui consultent les savantes sur leurs ouvrages, sont toujours sûrs d'être mal conseillés; les galans qui les consultent sur leurs parures sont toujours ridiculement mis.

La meilleure maniere d'apprendre à

bien juger, est celle qui tend le plus à simplifier nos expériences, & à pouvoir même nous en passer sans tomber dans l'erreur. D'où il suit qu'après avoir long-tems vérifié les rapports des sens l'un par l'autre, il faut encore apprendre à vérifier les rapports de chaque sens par lui-même, sans avoir besoin de recourir à un autre sens ; alors chaque sensation deviendra pour nous une idée, & cette idée sera toujours conforme à la vérité.

❀

On croit que la physionomie n'est qu'un simple développement des traits déjà marqués par la nature. Pour moi je penserois qu'outre ce développement, les traits du visage d'un homme viennent insensiblement à se former & prendre de la physionomie par l'impression fréquente & habituelle de certaines affections de l'ame. Ces affections se marquent sur le visage, rien n'est plus certain, & quand elles tournent en habitudes, elles y doivent laisser des impressions durables. Voilà comment je conçois que la physionomie annonce le caractere, & qu'on peut quelquefois juger de l'un par l'autre, sans aller chercher des explications mystérieuses, qui supposent des connoissances que nous n'avons pas.

❁

Pour vivre dans le monde il faut sçavoir traiter avec les hommes, il faut connoître les instrumens qui donnent prise sur eux; il faut calculer l'action & réaction de l'intérêt particulier dans la société civile, & prévoir si juste les événemens, qu'on soit rarement trompé dans ses entreprises, ou qu'on ait du moins toujours pris les meilleurs moyens pour réussir.

L'attrait de l'habitude vient de la paresse naturelle à l'homme, & cette paresse augmente en s'y livrant : on fait plus aisément ce qu'on a déjà fait, la route étant frayée devient plus facile à suivre. Aussi peut-on remarquer que l'empire de l'habitude est très-grand sur les vieillards & sur les gens indolens, très-petit sur la jeunesse & sur les gens vifs. Ce régime n'est bon qu'aux ames foibles, & les affoiblit d'avantage de jour en jour. La seule habitude utile aux enfans est de s'asservir sans peine à la nécessité des choses, & la seule habitude utile aux hommes, est de s'asservir sans peine à la raison. Toute autre habitude est un vice.

L'existence des êtres finis est si pauvre & si bornée, que quand nous ne voyons que ce qui est, nous ne sommes jamais émus. Ce sont les chimeres qui ornent les objets réels, & si l'imagination n'ajoute un charme à ce qui nous frappe, le stérile plaisir qu'on y prend se borne à l'organe, & laisse toujours le cœur froid.

FIN.

TABLE DES ARTICLES.

Dieu, page	1
Évangile,	3
Athéïsme, Fanatisme,	8
Religion,	10
Oraison, Dévotion, Dévots,	15
Conscience,	19
Moralité de nos actions,	21
Passions,	26
Bonheur,	34
Vertu,	44
Honneur,	51
Chasteté, pureté, pudeur,	52
Pitié,	55
Amour de la Patrie,	60
Amour propre, Amour de soi-même,	64

Amour,	67
Amans,	80
Ami, Amitié,	82
Sentiment,	88
Nature, Habitude,	90
Vice,	92
Méchanceté, Méchant,	95
Hypocrisie,	96
Caracteres,	98
Coqueterie,	103
Coups du sort,	106
Institutions sociales,	109
Peuple,	111
Gouvernement,	116
Roi, Royaume,	120
Législateur,	122
Loi,	125
Liberté,	127
Dépendance,	128
Luxe,	130
Riches, Richesses,	134
Mendians,	136

Suicide,	141
Duel,	145
Excès du vin,	150
Maladies,	153
Médecine, Médecins,	155
Mort,	161
Étude,	164
Étude du monde,	166
Étude des Sciences,	169
Sciences & Arts,	170
Talent,	180
Goût,	185
Imagination,	189
Signes,	193
Idées,	199
Accent,	201
Théâtre,	202
Musique,	204
Assemblées de Danse,	210
Dessein,	214
Conversation, Politesse, Art de tenir Maison,	215

Maîtres, Domestiques,	221
Campagne,	228
Tableau du lever Soleil,	232
Histoire,	234
Voyages,	238
Homme,	250
Étude de l'Homme,	258
Liberté de l'Homme,	259
Grandeur de l'Homme,	261
Foiblesse de l'Homme,	262
Sagesse humaine,	264
Homme sauvage,	266
Homme civil,	271
Différence de l'Homme policé & de l'homme sauvage,	274
L'Homme comparé à l'animal,	277
Femme,	281
Filles,	294
Société conjugale,	302
Devoir des Meres,	316
Devoir des Peres,	323
Éducation,	326

DES ARTICLES. 453

Enfans,	332
Adolefcence,	353
Portrait & caractere d'Émile,	363
Autre,	374
Portrait & Caractere de Sophie,	383
Penfées Morales,	401
Penfées diverfes,	421

Fin de la Table,

www.ingramcontent.com/pod-product-compliance
Lightning Source LLC
Chambersburg PA
CBHW070209240426
43671CB00007B/602